단기 완성

좋아요
한국어

김홍상 외 지음

동양북스

『좋아요 한국어』는 한국어 성인 학습자를 위한 단기 집중과정에서 사용할 수 있는 교재입니다. 본 교재는 한국어 학습자를 위한 초급 단계의 교재로 한글과 발음을 익히고 한국 생활의 기초적인 의사소통 능력 향상을 목표로 집필하였습니다.

『좋아요 한국어』는 한국어교육 표준 모형 1급 수준의 어휘, 문법을 기준으로 기본적인 의사소통 능력을 갖출 수 있도록 하였습니다.

• 본 교재의 주제는 일상생활에서 접할 수 있는 상황과 기능에 전형적으로 사용되는 과제를 담아 실제 생활에서 사용하는 한국어를 전달할 수 있도록 구성하였습니다.

• 본 교재는 총 18개 과(한글 별도)로 3~4주(60~80시간)까지 탄력적으로 수업을 운영할 수 있으며 모든 과는 1일 3~4시간 분량으로 구성하였습니다.

• **어휘**는 각 과의 주제, 기능과 관련된 것이며 문법과 과제 활동에 나오는 새로운 단어들을 각 지면 밑에 따로 제시하였습니다.

• **문법 연습**에서는 각 과에서 학습한 문법을 중심으로 대화문과 다양한 표현 연습을 할 수 있습니다.

• **이야기해 보세요**는 대화를 학습하기 전에 2컷 만화를 보면서 학습한 어휘와 문법을 활용하여 대화를 유추할 수 있도록 구성하였습니다.

• 본 교재는 말하기·듣기·읽기·쓰기 기능을 나누어 제시함으로써 균형 있는 언어 기능을 학습하여 단기간에 한국어에 익숙해질 수 있도록 구성하였습니다.

• 본 교재에는 단원의 주제와 관련된 한국 문화를 제시하여 학습자가 한국 문화에 흥미를 느낄 수 있도록 하였습니다.

이 책이 출간되기까지 많은 분들의 노력가 수고가 있었습니다. 집필진을 대표하여 이 책의 저자들이 쏟은 열정과 노고에 대해서 깊은 감사를 드립니다. 또한 출판까지 많은 조언을 해 주신 곽은주, 탁진영 교수님께 감사의 말씀을 드리며 번역에 도움을 주신 신재영 선생님께도 감사의 말씀을 드립니다. 또한 편집과 출판을 맡아 주신 동양북스에도 고마움을 전합니다.

2024년 5월
세종대학교 국제교육원
교재연구개발팀

『좋아요 한국어』 is a Korean language textbook made for the adult learner studying Korean during short term intensive programs.

It is a beginner-level textbook that covers Hangeul(the Korean alphabet) and basic phonetics for Korean, while aiming to learn basic everyday expressions.

『좋아요 한국어』 focuses on developing basic communication skills by studying vocabulary and grammar that follows the criteria of level 1 in the Standard Model for Korean Language Education.

• Each chapter in 『좋아요 한국어』 is made to deliver real-life expressions by including daily situations and activities with practical expressions.

• 『좋아요 한국어』 consists of a total of 18 chapters that can be taught over 3~4 weeks (60~80hours), while all chapters are made for 3~4 hours of Korean Language education.

• 『좋아요 한국어』 uses vocabulary relevant to each chapter's main subject. New vocabulary introduced for grammar and class activities are introduced at the bottom of each page.

• 『좋아요 한국어』 provides grammar practices in each chapter that allow students to use various sentences and expressions that apply the grammar for each chapter.

• 『좋아요 한국어』 uses 2-cut comics to allow students to use context to create conversations based on vocabulary and grammar used in each chapter.

• 『좋아요 한국어』 promotes quick learning of Korean by providing the grounds for balanced development of Korean Language skills; speaking · listening ·writing · reading.

• 『좋아요 한국어』 draws the interest of students by introducing an aspect of Korean culture that is related to each chapter.

Many people have dedicated themselves to publish 『좋아요 한국어』. On behalf of the authors of 『좋아요 한국어』, great thanks go to those that have provided their enthusiasm and efforts to this textbook. Also, we would like to thank professor Kwak Eun Joo and Tak Jin Young for their advice, and Mr. Shin Jae Yung for translating 『좋아요 한국어』. Finally, we would also like to thank Dongyang Books for publishing and editing 『좋아요 한국어』.

May 2024
Textbook Research and Development Team
Center for International Education
Sejong University

단원 구성 Chapter Contents

전체 구성 Overall Layout

본 교재는 한글을 익힐 수 있는 한글 예비편과 18개의 과로 구성되었습니다. 매과는 〈도입-어휘-문법-연습-말하기-듣기-읽기-과제〉 순으로 제시되며, 주제에 맞는 한국 문화도 소개하고 있습니다. 자세한 구성은 다음과 같습니다.

This textbook consists of a Hangeul mini-book and 18 chapters.

Each chapter is made up of 〈Introduction-Vocabulary-Grammar-Practice-Speaking-Listening-Reading-Activities〉, and introduces an aspect of Korean culture that is relevant to the chapter's subject. Please refer to the details below.

▶ 학습 목표 Objectives

각 과를 학습 한 후에 수행할 수 있는 목표를 제시했습니다.

This shows the goals that a student can use after finishing this chapter

▶ 문법과 어휘 Grammar and Vocabulary

오늘 배울 문법과 어휘를 확인할 수 있습니다.

This shows the grammar and vocabulary for this chapter.

▶ 도입 Introduction

그림과 질문을 보면서 오늘 배울 내용을 미리 생각할 수 있습니다.

This allows students to think about the chapter's objectives through pictures and questions.

▶ 어휘 Vocabulary

각 과의 어휘는 시각적 이미지로 제시하여 의미를 쉽게 익힐 수 있도록 하였으며, 목표 어휘가 사용되는 대화문을 사용하여 어휘 학습 후 의사소통 상황을 연출하여 연습할 수 있습니다.

The vocabulary in each chapter is introduced with visual images to help understanding. Students can apply the vocabulary in sample sentences to practice newly learned words.

▶ 문법 설명 Grammar

학습할 문법에 대한 설명과 함께 단어와 문법이 결합할 때 어떻게 형태가 달라지는지 그 규칙도 제시하였습니다.

This explains the chapter's grammar in detail, along with how the structure changes according to situations.

▶ 예시 대화문 Sample Dialogues

문법을 가장 잘 설명할 수 있는 대화문을 제시했습니다.

This is a conversation that shows how to use the new form of grammar.

▶ 문법 연습 1, 2 Grammar practice 1,2

학습한 문법을 사용하여 대화하는 연습입니다.

This is an activity that practices the grammar in the chapter.

▶ 새 단어 New Vocabulary

새 어휘에서 학습하지 않은 단어를 따로 제시하였습니다.

New words not mentioned in the vocabulary section are mentioned here.

▶ 2컷 만화 2-Cut Comics

대화를 보기 전에 그림을 보면서 대화 내용을 유추할 수 있습니다.

Through look at the pictures, students can guess the context of the conversation

▶ 이야기해 보세요 Speak practice

학습 어휘와 문법 및 표현을 포함한 주제가 있는 내용을 대화로 구성하였습니다.

The conversation consists of vocabulary and grammar used in the sections above.

2컷 만화와 내용을 연결하면 전체적인 상황과 내용을 이해할 수 있습니다.

By connecting the comics with the conversation, students are able to understand the overall situation and context.

▶ 질문 Questions

대화 내용을 이해했는지 확인하는 문제입니다.

These are questions that test whether the student has fully understood the conversation.

▶ 들어 보세요 Listening Practice

학습한 어휘와 문법이 포함된 듣기 자료와 들은 내용에 대한 확인 문제를 제시하였습니다. 문제를 풀면서 들은 내용을 다시 한번 확인할 수 있습니다.

These are questions that review the vocabulary and grammar learned in the chapter. Students can check the contents of the chapter once more through these activities.

▶ 읽어 보세요 Reading Practice

학습한 어휘와 문법을 사용하여 주제에 맞는 다양한 형식의 읽기 자료를 제시하였습니다. 읽기 자료를 정독하면서 내용을 이해하고, 확인 문제를 통해 다시 내용을 확인할 수 있습니다.

This practice provides various reading materials based on the vocabulary and grammar learned in the chapter. Students can understand the context through reading, and confirm their understanding through the questions below.

▶ 과제 활동 Activities

본 교재에서 학습한 어휘 또는 문법을 활용하여 '듣기, 읽기, 쓰기, 말하기'가 함께 이루어질 수 있는 통합 활동으로 만들었습니다. 모든 과제 활동은 짝활동 또는 조별 활동으로 자연스럽게 상호작용을 통하여 학습자들의 의사소통 능력을 향상시킬 수 있도록 만들었습니다.

Each chapter has tasks that uses vocabulary and grammar through 'listening, reading, writing, and speaking'. Each activity contains partnered/group activities that include conversations between students, and enhance their communicational skills.

▶ 문화 Culture

학습 주제를 확장하여 관련된 한국 문화를 그림과 사진 자료를 통하여 재미있게 소개하고 있습니다.

This part adds onto the subject of the chapter, and introduces a part of Korean culture through visual materials.

목차

과	주제	제목	문법	어휘
한글	한글 1.	모음 1~2, 자음 1	ㅑ ㅕ ㅓ ㅗ ㅛ ㅠ ㅡ ㅣ ㄱ ㄴ ㄷ ㄹ ㅇ	명사
	한글 2.	자음 2~4, 모음 3	ㅁ ㅅ ㅎ ㅋ ㅌ ㅍ ㅊ ㄲ ㄸ ㅃ ㅆ ㅉ ㅔ ㅐ ㅒ ㅖ ㅢ	명사, 형용사, 동사
	한글 3.	모음 4, 받침	ㅘ ㅝ ㅙ ㅞ ㅚ ㅟ 받침, 인사말	명사, 형용사, 동사
1	소개	저는 꾸엔이에요	N은/는 N이에요?/예요? N은/는 N이에요/예요 N이/가 아니에요	국적, 직업
2		저는 언니가 한 명 있어요	N이/가 있다(없다) 수(하나~열)	가족
문화 이야기		한국의 호칭		
3	학교생활	학교 안에 서점이 있어요?	N에 가다(오다) N에 있다(없다)	장소, 위치
4		한국어 공부가 어때요?	N이/가 A-아/어요 안 A	형용사
5		춤 연습을 하지 않아요	N을/를 V-아/어요 A/V-지 않다	동사 1
문화 이야기		학당		
6	일상생활	기숙사에서 뭐 해요?	N에서 V-고	동사 2
7		지난 주말에 뭐 했어요?	N(시간)에 A/V-았/었-	날짜
문화 이야기		한국의 명절		
8	취미	수영을 할 수 있어요?	V-(으)ㄹ 수 있다(없다) V-는 것	취미 활동 1
9		제 취미는 수영하는 거예요	V-ㅂ니까?/습니까? V-ㅂ니다/습니다 V-(으)세요	취미 활동 2
문화 이야기		등산을 좋아하는 한국인		

Main Characters
주요인물

제이미(19)
미국 / 학생

로빈(22)
프랑스 / 학생

왕링(20)
중국 / 학생

압둘라(26)
요르단 / 학생

한글 1.

모음 1~2/자음 1
Vowels 1~2/Consonants 1

📝 모음 1 Vowels 1   MP3 0-1

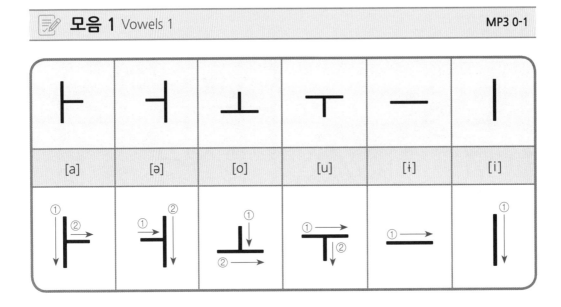

ㅏ	ㅓ	ㅗ	ㅜ	ㅡ	ㅣ
[a]	[ə]	[o]	[u]	[ɨ]	[i]

모음 'ㅏ'는 '아'와 같이 발음한다.

Vowel 'ㅏ' is pronounced like '아' [a].

🎯 단어 Words   MP3 0-2

이	오	아이	오이

자음 1 Consonants 1 MP3 0-3

ㅇ	ㄱ	ㄴ	ㄷ	ㄹ
[ø/ŋ]	[g/k]	[n]	[d/t]	[l/r]

 ## 단어 Words MP3 0-4

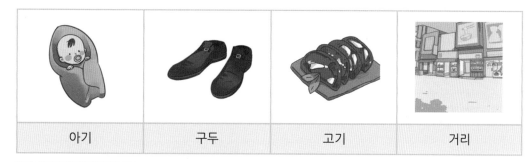

아기	구두	고기	거리

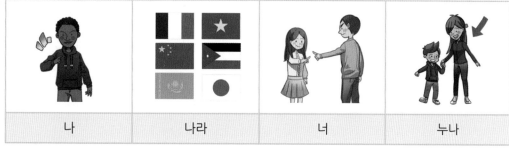

나	나라	너	누나

다리	가다	오리	우리

📝 모음 2 Vowels 2

MP3 0-5

ㅑ	ㅕ	ㅛ	ㅠ
[ja]	[jə]	[jo]	[ju]

모음 'ㅑ'는 '야'와 같이 발음한다.
Vowel 'ㅑ' is pronounced like '야' [ya].

🎯 단어 Words

MP3 0-6

우유	야구	여기	요리

한글 2. 자음 2~4/모음 3
Consonants 2~4/Vowels 3

📝 자음 2 Consonants 2

ㅁ	ㅂ	ㅅ	ㅈ	ㅎ
[m]	[b/p]	[s]	[j/ʧ]	[h]

🎯 단어 Words

나무	마시다	머리	모자

바나나	바다	바지	비누

🎯 단어 Words

보다	사자	소	가수
여자	아주머니	주소	지구
하나	허리	하마	휴지

자음 3 Consonants 3 　　　　　　　　　　　　　　　　　　　 MP3 0-9

ㅋ	ㅌ	ㅍ	ㅊ
[kʰ]	[tʰ]	[pʰ]	[ʧʰ]
ㅋ	ㅌ	ㅍ	ㅊ

 단어 Words 　　　　　　　　　　　　　　　　　　　 MP3 0-10

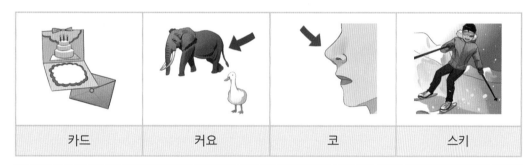

카드	커요	코	스키

토마토	아파트	포도	우표

커피	기차	치마	티셔츠

📝 자음 4 Consonants 4 MP3 0-11

ㄲ	ㄸ	ㅃ	ㅆ	ㅉ
[kʼ]	[kʼ]	[pʼ]	[sʼ]	[ʧʼ]

🎯 단어 Words MP3 0-12

까치	꼬리	코끼리	따요

머리띠	바빠요	뿌리	뼈

싸요	써요	짜요	가짜

모음 3 Vowels 3

ㅐ	ㅔ	ㅒ	ㅖ	ㅢ
[ɛ]	[e]	[yɛ]	[ye]	[ɰi]

 단어 Words

개구리	노래	새	가게

세수	테니스	얘기	예뻐요

시계	차례	의사	의자

한글 3. │ 모음 4/받침
Vowels 4/Final consonants

 모음 4 Vowels 4 　　　　　　　　　　　　　　　　　　MP3 0-15

과	궈	괘	궤	괴	귀
[wa]	[wə]	[wɛ]	[we]	[ö/we]	[wi]

 **단어** Words 　　　　　　　　　　　　　　　　　　MP3 0-16

와이셔츠	사과	더워요	돼지

스웨터	회의	귀	가위

받침 Final Consonants

   받침

  받침

ㅂ	ㅅ	ㅇ
ㅜ	ㅜ	ㅛ
ㅁ	ㄹ	ㅇ 받침

	악, 앆,	안	안, 앝 앗, 았 앚, 앛 앟	알	암	압, 앞	앙
	[악]	[안]	[앋]	[알]	[암]	[압]	[앙]
	[k]	[n]	[t]	[l]	[m]	[p]	[ŋ]

ㄱ, ㅋ ㄲ	책	부엌	밖

ㄴ	신문	눈	돈

ㄷ, ㅌ ㅅ, ㅆ ㅈ, ㅊ ㅎ	디귿	밑	옷
	낮	꽃	히읗

ㄹ	 물	교실	연필
ㅁ	컴퓨터	삼	엄마
ㅂ, ㅍ	밥	숲	무릎
ㅇ	책상	창문	동생

🎯 단어 Words

숙제	세탁기	사전	도서관	볼펜
칠판	침대	김밥	옷장	냉장고

읽어 보세요 Reading

1.

1) 군인	[구닌]
2) 독일	[도길]
3) 안약	[아냑]
4) 직업	[지겁]
5) 월요일	[워료일]

2.

1) 있어요	[이써요]
2) 없어요	[업써요]
3) 앉아요	[안자요]
4) 읽어요	[일거요]
5) 많아요	[마나요]

3.

1) 책을 읽어요.	[채글 일거요]
2) 음악을 들어요.	[으마글 드러요]
3) 수업이 있어요.	[수어비 이써요]
4) 교실이 넓어요	[교시리 널버요]
5) 한국어를 써요.	[한구거를 써요]
6) 칠판을 봐요.	[칠파늘 봐요]

인사말 Greetings

Good morning/afternoon/evening! or Hi!

Good bye!/See you later!

Thanks./You're welcome.

I'm sorry./That's okay.

I'm glad to see you!

교실말 Classroom Languages

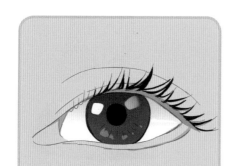

보세요. Look.

들으세요. Listen.

읽으세요. Read.

쓰세요. Write.

말하세요. Speak.

따라하세요. Repeat after me.

쉬세요. Take a rest.

좋아요. Good.

알아요. I know.

몰라요. I don't know.

1

저는 꾸엔이에요
I am Kuen

- 학습목표 | 자기소개를 할 수 있다.
- 문 법 | N은/는 N이에요?/예요?, N은/는 N이에요/예요
  N이/가 아니에요
- 어 휘 | 국적, 직업 Nationality, Occupation/Job

이름이 뭐예요? What is your name?
어느 나라 사람이에요? What is your nationality?

어휘 | Vocabulary

1 **어느 나라예요? 이야기해 보세요.**
Which country is it? Talk to your partner.

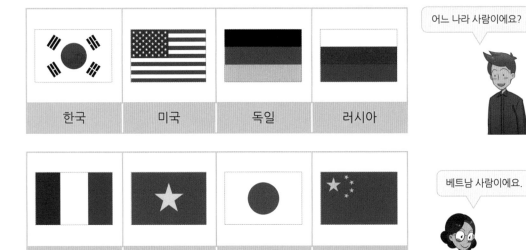

| 한국 | 미국 | 독일 | 러시아 |

어느 나라 사람이에요?

| 프랑스 | 베트남 | 일본 | 중국 |

베트남 사람이에요.

2 **직업을 이야기해 보세요.**
Let's talk about your job.

직업이 뭐예요?

| 학생 | 선생님 | 가수 | 배우 |

학생이에요.

| 요리사 | 의사 | 경찰관 | 회사원 |

문법1 | Grammar1

N은/는 N이에요?/예요?, N은/는 N이에요/예요

가: 리신 씨는 어느 나라 사람이에요?
나: 저는 중국 사람이에요.

리신

무엇에 대해 질문하거나 서술할 때 사용한다.
This is used to ask about or to describe something.

받침(O)	은
받침(X)	는

받침(O)	이에요?/이에요
받침(X)	예요?/예요

1 **[보기]와 같이 문장을 만들어 보세요.**
Make sentences like the example below.

보기	저, 독일 사람 → 저는 독일 사람이에요.

1) 로빈, 프랑스 사람 → _____.
2) 마이클, 의사 → _____.
3) 우리, 학생 → _____.
4) 미미 씨, 가수 → _____.

2 **그림을 보고 [보기]와 같이 이야기해 보세요.**
Make dialogs like the example shows by using the information in the pictures below.

보기	 김승기	가: 이름이 뭐예요? 나: 김승기예요. 가: 어느 나라 사람이에요? 나: 저는 한국 사람이에요.

1)
꾸엔

2)
리신

3)
요코

4)
제이미

새 단어
New Vocabulary

씨 Mr./Miss. | **어느** which | **사람** person/people | **우리** we | **이름** name | **뭐** what

문법2 | Grammar2

N이/가 아니에요

가: 김지연 씨는 의사예요?
나: 아니요, 의사가 아니에요.

앞 명사의 상황을 부정할 때 쓴다.
This is used to deny the status of aforesaid noun.

받침(O)	이
받침(X)	가

1 그림을 보고 [보기]와 같이 이야기해 보세요.
Make dialogs like the example shows by using the information in the pictures below.

 보기

박지성
요리사(X)
운동선수(O)

가: 박지성 씨는 요리사예요?
나: 아니요, 요리사가 아니에요.
　　운동선수예요.

1)

박민수
경찰관(X)
군인(O)

2)

마리아
의사(X)
배우(O)

3)

아지즈
선생님(X)
회사원(O)

4)

김수미
요리사(X)
간호사(O)

새 단어
New
Vocabulary

아니요 no | **운동선수** athlete | **군인** soldier | **간호사** nurse

🎤 이야기해 보세요 Speaking Practice

꾸 엔	안녕하세요? 저는 꾸엔이에요.	Hello, I'm Kuen.
리 신	안녕하세요? 제 이름은 리신이에요.	Hello? My name is Lishin.
	꾸엔 씨는 어느 나라 사람이에요?	What country are you from, Kuen?
꾸 엔	저는 베트남 사람이에요.	I'm from Vietnam.
	리신 씨는요?	What about you, Lishin?
리 신	저는 중국 사람이에요.	I'm from China.
	꾸엔 씨는 선생님이에요?	Are you a teacher?
꾸 엔	아니요, 저는 선생님이 아니에요.	No, I'm not a teacher.
	학생이에요.	I'm a student.
리 신	만나서 반가워요.	Nice to meet you.

1 다음 질문에 답하세요.
Answer the following questions.

1) 꾸엔 씨는 어느 나라 사람이에요?

2) 리신 씨는 어느 나라 사람이에요?

3) 꾸엔 씨는 선생님이에요?

제 my

🎧 들어 보세요 Listening Practice
MP3 1-2

1 **다음을 잘 듣고 맞는 것과 연결하세요.**
Listen carefully, and connect each person to the right ones.

1) 마이클 •　　　• ① 미국　　•　　　• ㉠

2) 유토 •　　　• ② 베트남 •　　　• ㉡

3) 프엉 •　　　• ③ 일본　　•　　　• ㉢

📖 읽어 보세요 Reading Practice

1 **그림을 보고 질문에 답하세요.**
Seeing each of the cards below, and answer the questions.

1) 이름이 뭐예요?

2) 어느 나라 사람이에요?

3) 직업이 뭐예요?

성명 full name | **교환학생** exchange student | **소속** team name | **국적** nationality | **요르단** Jordan

 **과제** Task

1 누구를 만났어요? 만난 사람의 이름과 국적을 써 보세요.
Who did you meet? Write the name and nationality of the people that you met.

	이름	국적	직업
[보기]	팅팅	중국	요리사
친구1			
친구2			
친구3			
친구4			
친구5			

2 명함을 만들고 [보기]와 같이 친구에게 자기소개를 해 보세요.
Make your name card, and introduce yourself with your friend as the example shows.

 안녕하세요? 저는 김승기예요. 한국 사람이에요.
직업은 한국어 선생님이에요.
만나서 반가워요.

세종대학교
SEJONG UNIVERSITY

김 승 기
한국어 선생님 / 국제교육원

 새 단어
New
Vocabulary

친구 friend | **명함** name card | **자기소개** self introduction

저는 언니가 한 명 있어요
I have an older sister

● 학습목표	가족을 소개할 수 있다.
● 문　　법	N이/가 있다(없다), 수(하나~열)
● 어　　휘	가족 Family

가족이 몇 명이에요? How many people do you have in your family?
가족은 누가 있어요? Who are your family?

어휘 | Vocabulary

1 가족에 대해서 이야기해 보세요.
Let's talk about your family.

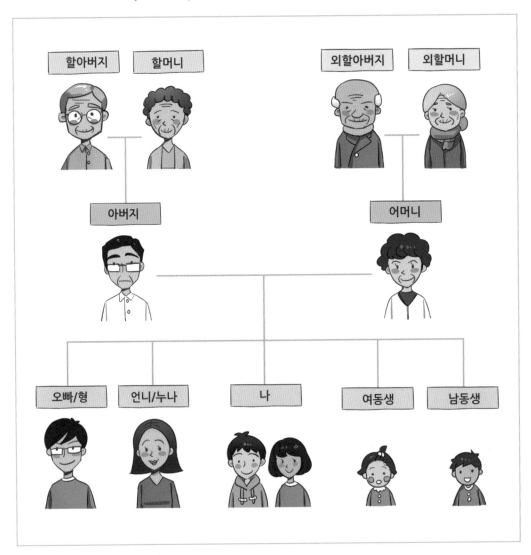

문법1 | Grammar1

N이/가 있다(없다)

가: 리신 씨, 형이 있어요?
나: 네, 있어요.

명사가 있거나 없음을 나타낸다.
This expresses whether or not there is something or someone〈noun〉.

받침(O)	이
받침(X)	가

1 그림을 보고 [보기]와 같이 이야기해 보세요.
Make dialogs like the example shows by using the information in the pictures below.

보기

(X)　　　(O)

가: 여동생이 있어요?
나: 아니요, 없어요.
가: 그럼 남동생이 있어요?
나: 네, 있어요.

1)

(X)　　　(O)

2)

(X)　　　(O)

2 [보기]와 같이 이야기해 보세요.
Make dialogs as the example shows.

보기
가: 한국 친구가 있어요?
나: 네, 있어요. / 아니요, 없어요.

	질문	대답
1)	오빠(형)가 있어요?	
2)	언니(누나)가 있어요?	
3)	외국 친구가 있어요?	
4)	_____?	

새 단어
New Vocabulary

그럼 then | **외국** foreign country

수(하나~열)

가: 우리 반 친구가 모두 몇 명이에요?

나: 네 명이에요.

1 수를 같이 읽어 보세요.
Read the following numbers.

1	2	3	4	5
하나(한)	둘(두)	셋(세)	넷(네)	다섯

6	7	8	9	10
여섯	일곱	여덟	아홉	열

2 다음을 읽고 써 보세요.
Read the following words, and then write them down.

1명		6명	
2명		7명	
3명		8명	
4명		9명	
5명		10명	

새 단어
New
Vocabulary

반 class | 모두 all | 몇 how many | 명 unit noun for people

🎤 이야기해 보세요 Speaking Practice

제이미	리신 씨 가족사진이에요?
리 신	네, 우리 가족사진이에요.
제이미	리신 씨, 동생이 있어요?
리 신	아니요, 없어요. 이 사람은 우리 형이에요.
제이미	저는 언니가 있어요.
	우리 언니는 대학생이에요.

Is it a family photo of Lishin?

Yes, it's a family picture.

Lishin, do you have a younger brother?

No, there isn't. This is my older brother.

I have an older sister.

My older sister is a college student.

1 다음 질문에 답하세요.
Answer the following questions.

1) 리신 씨 가족은 모두 몇 명이에요?

2) 리신 씨는 동생이 있어요?

3) 제이미 씨는 언니가 있어요?

새 단어
New Vocabulary

가족사진 family picture | **대학생** university[college] student

들어 보세요 Listening Practice   MP3 2-2

1 다음을 잘 듣고 맞으면 O, 틀리면 X 하세요.
Listen carefully, and mark O if the information is true, or X if it is not.

1) 여자의 가족은 5명이에요. (   )

2) 남자의 가족은 3명이에요. (   )

3) 두 사람 모두 여동생이 있어요. (   )

4) 여자는 오빠가 있어요. (   )

읽어 보세요 Reading Practice   MP3 2-3

1 다음을 읽고 질문에 답하세요.
After reading the following, answer the questions.

안녕하세요. 제 이름은 왕명이에요.
제 고향은 중국이에요.
우리 가족은 할머니, 아버지, 어머니
그리고 동생이 한 명 있어요.
우리 아버지는 회사원이에요.
어머니는 주부예요. 동생은 학생이에요.

1) 왕명 씨 가족은 모두 몇 명이에요?

_____.

2) 왕명 씨 가족의 직업이 뭐예요?

아버지	어머니	동생

그리고 and | **도** also | **고향** hometown | **주부** housewife

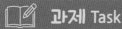

과제 Task

1 친구와 같이 '홀짝 게임'을 해 보세요.
Let's play a 'odd or even number game' with a friend.

* 준비하세요.

공기

* '홀, 짝'이 뭐예요?

홀수	짝수
1, 3, 5, 7, 9....	2, 4, 6, 8, 10....

* **게임 방법 How to play**

① 두 명이 한 팀이 되어 각각 10개의 공기를 가지고 시작한다.
Two people form a team and each starts with 10 balls.
(*Create groups of two people for one-one matches. Each person starts with 10 balls.)

② A가 먼저 주먹 안에 몇 개의 공기를 잡고 "홀?, 짝?"이라고 묻는다.
First A holds a few balls in his fist and asks "Odd or even?".

③ B는 A의 주먹 안의 공기의 수가 홀수라고 생각하면 "홀"이라고 외치고, 짝수라고 생각하면 "짝"이라고 말한다.
If B thinks the number of balls in A's fist is odd, B shouts "Odd", and if B thinks it's even, says "Even".

④ B가 말한 것과 A의 주먹 안의 공기 개수의 홀짝이 맞으면 A는 주먹 안의 공기를 B에게 준다.
If what B says matches the odd or even number in A's fist, A gives his balls in his fist to B.

⑤ 하지만 맞지 않으면 B는 A의 주먹 안에 있는 공기의 개수 만큼 A에게 준다.
However, if it is not correct, B gives A the same number of balls as A's fist.

⑥ 가지고 있는 공기를 모두 먼저 잃는 사람이 지는 게임이다.
The person who loses all the balls is a loser and the game is over.

⑦ 우리 반에서 홀짝 게임을 가장 잘하는 친구는 누구일까요?
Who is the best at odd-even game in our class?

한국의 호칭

나라마다 다양한 호칭이 있다. 한국에서는 일상생활에서 어떤 호칭을 사용하는지 알아보자.
There are various names in each country. Let's find out what names are used in everyday life in Korea.

• 부모님과 비슷한 연세의 어른은 '아주머니, 아저씨'라고 부른다.

When you call on adult who is about the same age as your parents, you call that adult '아주머니, 아저씨'.

• 직업이나 직함 뒤에 '님'을 붙여 높임을 나타낸다.

'님' is added to the job or title to elevate the person's status.

• 나와 나이가 비슷한 사람은 이름 뒤에 '씨'를 붙여서 부른다 .

When calling a person of similar age, they are called with a '씨' after their name.

3 학교 안에 서점이 있어요?
Is there a bookstore in the school?

- 학습목표 | 위치를 이야기할 수 있다.
- 문 법 | N에 가다(오다), N에 있다(없다)
- 어 휘 | 장소, 위치 Place, Location

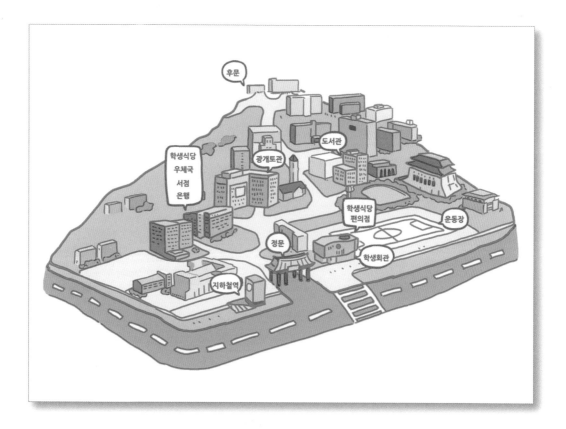

학교에 무엇이 있어요? What are there in school?
어디에 있어요? Where is it?

어휘 | Vocabulary

1 여기는 어디예요? 이야기해 보세요.
Where is this? Create conversations for the following locations with your partner.

학교　　도서관　　편의점　　서점

영화관　　커피숍　　식당　　은행

어디에 가요?

은행에 가요.

2 어디에 있어요? 이야기해 보세요.
Where is it? Create conversations for the following with your partner.

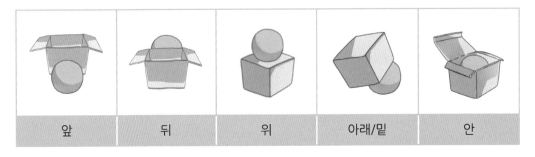

앞　　뒤　　위　　아래/밑　　안

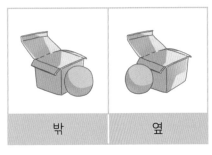

밖　　옆

공이 어디에 있어요?

상자 옆에 있어요.

문법1 | Grammar1

N에 가다(오다)

가: 어디에 가요?

나: 식당에 가요.

앞의 장소(목적지)로 가거나 옴을 나타낼 때 사용한다.
This is used to express going to or coming from the foregoing place<noun>.

1 그림을 보고 [보기]와 같이 이야기해 보세요.
Make dialogs like the example shows by using the information in the pictures below.

보기
가: 어디에 가요?
나: 집에 가요.

1)

2)

3)

4)

5)

6)

 새 단어
New Vocabulary

어디 where | **집** house

문법2 | Grammar2

N에 있다(없다)

가: 로빈 씨가 어디에 있어요?

나: 도서관에 있어요.

명사가 어떤 장소에 있거나 없음을 나타낸다.
This expresses whether or not there is something or someone <noun> at a place.

① **그림을 보고 [보기]와 같이 이야기해 보세요.**
Make dialogs like the example shows by using the information in the pictures below.

보기

가: 상우 씨가 어디에 있어요?

나: 편의점에 있어요.

1)

제이미

2)

요코

3)

로빈

② **그림을 보고 [보기]와 같이 이야기해 보세요.**
Make dialogs like the example shows by using the information in the pictures below.

보기

가: 지하철역이 어디에 있어요?

나: 정문 옆에 있어요.

새 단어
New
Vocabulary

지하철역 subway station | **정문** front gate

🎤 이야기해 보세요 Speaking Practice

MP3 3-1

누르잔	선생님, 학교 안에 서점이 있어요?
선생님	네, 있어요. 은행 옆에 있어요.
누르잔	은행이 어디에 있어요?
선생님	학생 식당 뒤에 있어요.
	지금 서점에 가요?
누르잔	네, 서점에 가요.

Is there a bookstore in the school?

Yes, there is. It's next to the bank.

Where is the bank?

It's behind the student cafeteria.

Are you going to the bookstore now?

Yes, I will go to the bookstore.

1 다음 질문에 답하세요.

Answer the following questions.

1) 학교 안에 서점이 있어요?

2) 서점이 어디에 있어요?

3) 은행이 어디에 있어요?

🎧 들어 보세요 Listening Practice

1 다음을 잘 듣고 질문에 답하세요.
Listen carefully, and answer the questions.

1) 학교 안에 무엇이 있어요? 모두 찾으세요.

① 도서관 　　　 ② 커피숍 　　　 ③ 편의점 　　　 ④ 영화관

2) 식당은 어디에 있어요? 맞는 그림을 찾으세요.

① 　② 　③ 　④

📖 읽어 보세요 Reading Practice

1 다음을 읽고 질문에 답하세요.
After reading the following, answer the questions.

　　여기는 우리 학교예요. 학교 안에 편의점, 식당, 도서관이 있어요. 병원은 학교 밖에 있어요. 학교 정문 옆에 편의점이 있어요. 편의점 아래에 식당이 있어요. 편의점 뒤에 도서관이 있어요.

1) 학교 안에 무엇이 없어요?

① 　② 　③ 　④

2) 맞는 것을 고르세요.
Which of the following is correct.

① 학교에 식당이 없어요. 　　　 ② 식당은 병원 옆에 있어요.

③ 정문 앞에 식당이 있어요. 　　　 ④ 도서관 앞에 편의점이 있어요.

학생회관 Student Center | **여기** here | **병원** hospital

과제 Task

1 친구와 '빙고게임'을 해 보세요.
Let's play a 'Bingo Game' with a friend.

카메라	휴대폰	침대	소파	시계
책	가방	컴퓨터	의자	책상

★ 게임 방법 How to play

① 아래의 네모 칸에 위에 있는 물건의 이름을 쓰고 싶은 대로 쓴다.
Write the names of the objects above in the squares below as you like.

② 2명이 같이 아래와 같이 대화를 하면서 상대방이 이야기한 물건이 있으면 O한다.
If there is anything that the other person mentions while talking to your friend, circle that object with an O.

③ 먼저 두 줄을 다 지운 후 "빙고"라고 말하면 이기는 게임이다.
If you erase both two first and say "Bingo" you win.

보기			
	책	가방	의자
	책상	소파	시계
	침대	컴퓨터	휴대폰

가: 카메라가 있어요?
나: 아니요, 없어요.

가: 휴대폰이 있어요?
나: 네, 있어요.
가: 어디에 있어요?
나: 시계 아래에 있어요.

한국어 공부가 어때요?
How is studying Korean?

- 학습목표 | 한국 생활에 대해서 이야기할 수 있다.
- 문 법 | N이/가 A-아/어요, 안 A
- 어 휘 | 형용사 Adjectives

한국 노래가 어때요? What do you think of K-pop?
한국어 공부가 어때요? How is learning Korean?

어휘 | Vocabulary

1 그림을 보고 이야기해 보세요.
Make dialogs using each of the pictures below.

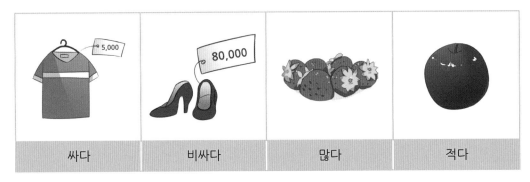

| 싸다 | 비싸다 | 많다 | 적다 |

| 재미있다 | 높다 | 피곤하다 | 복잡하다 |

| 편하다 | 맛있다 | 친절하다 | 깨끗하다 |

한국어 공부가 어때요?

재미있어요.

문법1 | Grammar1

N이/가 A-아/어요

가: 한국어 공부가 어때요?

나: 한국어 공부가 재미있어요.

비격식적인 상황에서 명사의 현재 상태나 성격에 대해 설명하거나 질문할 때 사용한다. This is used to describe or ask about the present status or nature of a noun informally.

1 그림을 보고 [보기]와 같이 문장을 만들어 보세요.

Make dialogs like the example shows by using the information in the pictures below.

보기

옷 / 싸다 → 옷이 싸요.

1) 소파 / 편하다

2) 텔레비전 / 재미있다

3) 왕링 씨 / 친절하다

4) 딸기 / 많다

2 그림을 보고 [보기]와 같이 이야기해 보세요.

Make dialogs like the example shows by using the information in the pictures below.

보기

가: 빌딩이 어때요?

나: 높아요.

1) 교실

2) 구두

3) 음식

4) 선생님

새 단어
New Vocabulary

한국어 공부 studying Korean | **어때요?** how is it? | **옷** clothes | **소파** sofa | **텔레비전** television | **딸기** strawberry | **빌딩** building | **교실** classroom | **구두** shoes | **음식** food

문법2 | Grammar2

안 A

가: 구두가 싸요?

나: 아니요, 구두가 안 싸요.

어떤 상황을 부정하여 그렇지 않음을 나타낼 때 사용한다.
This is used to deny certain situations.

1 그림을 보고 [보기]와 같이 이야기해 보세요.

Make dialogs like the example shows by using the information in the pictures below.

보기

가: 산이 높아요?

나: 아니요, 안 높아요.

산 / 높다

1)

사과 / 많다

2)

의자 / 편하다

3)

티셔츠 / 비싸다

2 [보기]와 같이 이야기해 보세요.

Make dialogs as the example shows.

보기

가: 한국 친구가 있어요?

나: 네, 있어요.

　　아니요, 없어요.

[보기]	한국 친구	있다
1)	선생님	
2)	고향 음식	
3)		

새 단어
New Vocabulary

산 mountain | **사과** apple | **의자** chair | **티셔츠** t-shirt

🎤 이야기해 보세요 Speaking Practice

누르잔	제이미 씨, 한국어 공부가 어때요?	Jamy, how do you like studying Korean?
제이미	재미있어요. 누르잔 씨는요?	It's fun. What about you, Nurjan?
누르잔	조금 어려워요. 하지만 재미있어요.	It's a little hard. But it's fun.
제이미	아, 저도 그래요.	Oh, me too.
누르잔	제이미 씨, 한국 노래 수업은 어때요?	Jamy, how is Korean singing class?
제이미	정말 재미있어요.	It's a lot of fun.

1 **다음 질문에 답하세요.**
Answer the following questions.

1) 제이미 씨는 한국어 공부가 어때요?

2) 누르잔 씨는 한국어 공부가 어때요?

3) 한국어 노래 수업은 어때요?

새 단어
New Vocabulary

조금 a little | **어렵다** difficult | **하지만** but | **정말** really | **노래 수업** singing class

🎧 들어 보세요 Listening Practice MP3 4-2

1 다음을 잘 듣고 질문에 답하세요.
Listen carefully, and answer the questions.

1) 여자는 지금 어디에 있어요?

① 서점　　　　② 식당　　　　③ 도서관　　　　④ 우체국

2) 한국어 책이 비싸요?

_____.

📖 읽어 보세요 Reading Practice MP3 4-3

1 다음을 읽고 질문에 답하세요.
After reading the following, answer the questions.

서울은 넓어요. 빌딩도 많아요. 서울에는 사람도 많고 자동차도 많아요. 그래서 조금 복잡해요. 저는 친구들과 함께 명동에 자주 가요. 명동에는 옷 가게와 신발 가게가 많이 있어요. 저는 한국 생활이 아주 재미있어요.

1) 맞으면 O 틀리면 X 하세요.
Mark O if the information is true, or X if it's not.

① 명동에는 옷 가게가 많아요.　　　　　　　(　　　)

② 이 사람은 지금 한국에 있어요.　　　　　　(　　　)

③ 이 사람은 혼자 명동에 자주 가요.　　　　　(　　　)

④ 서울에는 사람과 자동차가 많아요.　　　　　(　　　)

새 단어
New
Vocabulary

책 book | **이쪽** this side | **무슨** which | **그림** picture | **넓다** wide | **자동차** automobile | **함께** with | **자주** often |
가게 shop | **신발** shoes | **생활** life | **아주** very | **혼자** alone

4

과제 Task

1 그림을 보고 친구와 '반대로 말해요' 게임을 해 보세요.
Look at the picture and play the 'speak the opposite' game with your friend.

보기
가: 피곤해요?
나: 아니요, 안 피곤해요.

* 게임 방법 How to play

① 두 명이 같이 그림 카드를 보고 '안 A'를 사용해서 대답하는 게임이다.
It is a game where two people look at a picture card together and answer using '안 A'.

② 한 명이 그림 카드를 보여 주고 친구가 '안 A'로 대답할 수 있게 질문을 한다.
One person shows a picture card and asks a question so that the friend can answer with '안 A'.

③ 상대방은 질문을 듣고 그림 카드를 보면서 '안 A'로 대답을 한다.
The other person listens to the question, looks at the picture card, and answers with '안 A'.

④ 질문을 잘못하면 벌칙 카드(P.189)를 뽑는다.
If the question is incorrect, the person draws a penalty card.

5 춤 연습을 하지 않아요
I don't practice dancing

- 학습목표 | 학교 생활을 이야기할 수 있다.
- 문 법 | N을/를 V-아/어요, A/V-지 않다
- 어 휘 | 동사 1 Verbs 1

여기는 어디예요? Where is this place?
무엇을 해요? What are they doing?

어휘 | Vocabulary

1 무엇을 해요? 이야기해 보세요.
What are you doing? Talk to your partner.

| 밥을 먹다 | 커피를 마시다 | 친구를 만나다 | 숙제(를) 하다 |

| 이야기(를) 하다 | 음료수를 사다 | 책을 빌리다 | 공부(를) 하다 |

| 한국어를 가르치다 | 태권도를 배우다 |

문법1 | Grammar1

N을/를 V-아/어요

가: 오늘 뭐 해요?
나: 친구를 만나요.

비격식적인 표현으로, 현재의 상황에 대해 질문하거나 서술할 때 사용한다.
This expression is used to ask or describe the current situation informally.

ㅏ, ㅗ (O)	-아요
ㅏ, ㅗ (X)	-어요
하다	해요

1 알맞은 것을 연결하고 [보기]와 같이 문장을 만드세요.
Connect the correct pairs, and make a sentence like the example below.

> 보기   숙제를 해요.

[보기] 숙제 ————————————————— 하다

1) 밥   •   • 만나다

2) 커피   •   • 먹다

3) 친구   •   • 사다

4) 옷   •   • 빌리다

5) 책   •   • 마시다

2 그림을 보고 [보기]와 같이 이야기해 보세요.
Make dialogs like the example shows by using the information in the pictures below.

 보기
가: 지금 뭐 해요?
나: 공부를 해요.

1)

2)

3)

문법2 | Grammar2

A/V-지 않다

가: 공부를 해요?

나: 아니요, 공부를 하지 않아요.

앞말의 행동이나 상태를
부정할 때 사용한다.
This is used to deny an
aforesaid behavior or situation.

1 ### [보기]와 같이 대화를 만들어 보세요.
Make dialogs like the example below.

| 보기 | 가: 친구를 만나요?
나: 네, 친구를 만나요. | 가: 친구를 만나요?
나: 아니요. 친구를 만나지 않아요 |

[보기]	친구를 만나다
1)	밥을 먹다
2)	공부를 하다
3)	음료수를 사다
4)	책을 빌리다

2 ### [보기]와 같이 대화를 만들어 보세요.
Make dialogs like the example below.

| 보기 | 가: 밥을 먹어요?
나: 아니요, 밥을 먹지 않아요. 커피를 마셔요. |

	X	O
[보기]	밥 / 먹다	커피 / 마시다
1)	공부 / 하다	친구 / 만나다
2)	이야기 / 하다	숙제 / 하다
3)	음료수 / 사다	빵 / 사다

새 단어
New
Vocabulary

빵 bread

🎤 이야기해 보세요 Speaking Practice

상 우	왕링 씨, 어디에 가요?	Wang Ling, where are you going?
왕 링	연습실에 가요.	I'm going to the practice room.
상 우	춤 연습을 해요?	You're practicing dancing?
왕 링	아니요, 춤 연습을 하지 않아요.	No, I don't practice dancing.
	노래 연습을 해요.	I practice singing.
	상우 씨는 어디에 가요?	Sangwoo, where are you going?
상 우	도서관에 가요. 책을 빌려요.	I'm going to the library. I will borrow a book.

1 다음 질문에 답하세요.

Answer the following questions.

1) 왕링 씨는 어디에 가요?

2) 왕링 씨는 춤 연습을 해요?

3) 상우 씨는 어디에 가요? 무엇을 해요?

새 단어
New Vocabulary

연습실 practice room | **춤** dance | **연습(을) 하다** practice | **무엇** what

🎧 들어 보세요 Listening Practice   MP3 5-2

1 **다음을 잘 듣고 질문에 답하세요.**
Listen carefully, and answer the questions.

1) 남자는 지금 어디에 있어요?

① 교실   ② 식당   ③ 도서관   ④ 기숙사

2) 맞는 것을 고르세요.
Which of the following is correct.

① 남자는 숙제를 해요.   ② 남자는 약속이 있어요.

③ 여자는 기숙사에 가요.   ④ 여자는 오늘 시간이 없어요.

📖 읽어 보세요 Reading Practice   MP3 5-3

1 **다음을 읽고 질문에 답하세요.**
After reading the following, answer the questions.

> ### 친구를 소개해요!
>
> 로빈 씨는 한국 영화를 좋아해요. 그래서 한국 영화를 자주 봐요. 누르잔 씨는 한국 친구가 많아요. 커피숍에서 한국 친구를 만나요. 꾸엔 씨는 대학원생이에요. 그래서 매일 연구실에 있어요. 요코 씨는 책을 좋아해요. 매일 도서관에 가요. 저는 우리 반 친구들을 모두 좋아해요.

1) 친구들은 무엇을 해요? 맞는 그림과 연결하세요.
What are your friends doing? Connect each person with the right picture.

요코   로빈   누르잔   꾸엔

①   ②   ③   ④

 새 단어
New Vocabulary

여보세요 hello | **오늘** today | **시간** time | **약속** appointment | **소개하다** introduce | **대학원** graduate school |
연구실 private office | **좋아하다** like

📝 과제 Task

1 아래 그림을 보고 [보기]와 같이 친구와 이야기를 한 후 표에 O, X로 표시해 보세요.

Look at the picture below, talk to your friends like [보기], and mark the table with either O or X.

> **보기**
>
> 가: 고기를 먹어요?
>
> 나: 네, 고기를 먹어요. / 아니요, 고기를 먹지 않아요.

음식				친구
	고기	초콜릿		고기
	생선			초콜릿
				생선

음료				친구
	커피	우유		커피
	주스			우유
				주스

장소				친구
	도서관	은행		도서관
	노래방			은행
				노래방

학당

김홍도의 〈서당〉

이 그림은 조선시대 화가 김홍도가 서당의 모습을 재미있게 그린 것이다. 조선시대 어린이들은 7~8세가 되면 서당에 다녔으므로 지금의 초등학교와 비슷하다고 할 수 있다. 하지만 수업료는 없었다. 수업 방식은 주로 읽고 외우기를 했으며, 학생들을 가르치는 훈장님과 학생이 질문과 답변을 주고 받으면서 수업을 했다. 서당에서는 지금의 초등학교와 달리 한자를 배웠으며 한 권을 다 외우고 이해한 후에 다음 책을 공부했다.

이렇게 서당을 졸업하면 입학하는 곳이 학당이다. 오늘날 한국에서 외국 사람들이 한국어를 공부하는 교육기관을 어학당이라고 하는 것도 여기에서 유래한 것이다.

한국어 교실
Korean class

This painting is an interesting painting of a 'Seodang' by Kim Hong-do, a painter in the Joseon Dynasty. Children of the Joseon Dynasty attended Seodangs when they were seven to eight years old, so it can be said that it is similar to an elementary school today. But there was no tuition fee. The class method was mainly reading and memorizing, and the teacher and the student exchanged questions and answers. Unlike current elementary schools, Seodangs learned Chinese characters, memorized and understood one book before studying the next.

After graduating from a school like a Seodang, you enter a school called a 'Hakdang'. The name 'Korean Language School'('어학당'(Hakdang)) is derived from this structure to refer to educational institutions where foreigners study the Korean Language.

기숙사에서 뭐 해요?
What are you doing in the dormitory?

- 학습목표 | 하루 생활을 이야기할 수 있다.
- 문　법 | N에서, V-고
- 어　휘 | 동사 2 Verbs 2

수업이 끝나고 뭐 해요? What are you doing after class?
어디에서 친구를 만나요? Where do you meet your friends?

어휘 | Vocabulary

1 **매일 뭐 해요? 이야기해 보세요.**
What do you do every day? Talk to your partner.

이를 닦다

세수(를) 하다

샤워(를) 하다

손을 씻다

신문을 읽다

청소(를) 하다

옷을 입다

잠(을) 자다

산책(을) 하다

영화를 보다

쇼핑(을) 하다

쉬다

뭐 해요?

신문을 읽어요.

문법1 | Grammar1

N에서

가: 어디에서 밥을 먹어요?
나: 학생 식당에서 먹어요.

장소 명사와 함께 쓰여 어떤 행동을 하는 장소임을 나타낸다.
This is attached to the end of a noun, indicating a place where some activity is done.

1 그림을 보고 [보기]와 같이 이야기해 보세요.
Make dialogs like the example shows by using the information in the pictures below.

가: 어디에 있어요?
나: 집에 있어요.
가: 집에서 뭐 해요?
나: 쉬어요.

1)   2)   3)  4)

2 그림을 보고 [보기]와 같이 친구과 이야기해 보세요.
Make conversations with your friend like the example by using the information in the pictures below.

가: 어디에서 산책을 해요?
나: 공원에서 산책을 해요.

1)  2)  3)  4)

공원 park

문법2 | Grammar2

V-고

가: 수업이 끝나고 뭐 해요?

나: 수업이 끝나고 식당에서 밥을 먹어요.

앞의 행동이 끝나고
뒤의 행동을 함을
나타낸다.
This expresses doing
another activity after
an activity.

1 알맞은 것을 연결하고 [보기]와 같이 문장을 만드세요.
Connect the correct pairs, and make a sentence like the example below.

| 보기 | 이를 닦고 세수를 해요. |

[보기] 이를 닦다 •   • 밥을 먹다

1) 샤워하다 •   • 옷을 입다

2) 숙제를 하다 •   • TV를 보다

3) 손을 씻다 •   • 세수를 하다

2 그림을 보고 [보기]와 같이 친구와 이야기해 보세요.
Make conversations with your friend like the example by using the information in the pictures below.

| 보기 | | 가: 언제 밥을 먹어요?
나: 수업이 끝나고 밥을 먹어요.
가: 어디에서 밥을 먹어요?
나: 학생 식당에서 밥을 먹어요. |

1)   2)   3)

가: 언제 텔레비전을 봐요?   가: 언제 공부를 해요?   가: 언제 친구를 만나요?

새 단어
New
Vocabulary

수업 class | **끝나다** finish | **언제** when

🎤 이야기해 보세요 Speaking Practice

요 코	리신 씨, 지금 어디에 있어요?	Lishin, where are you now?
리 신	기숙사에 있어요.	I'm in the dormitory.
요 코	기숙사에서 뭐 해요?	Lishin, What are you doing in the dormitory?
리 신	운동을 해요.	I'm working out.
요 코	로빈 씨는 뭐 해요?	What is Robin doing?
리 신	한국어를 공부하고 영화를 봐요.	He watches a movie after studying Korean.

1 다음 질문에 답하세요.
Answer the following questions.

1) 리신 씨는 어디에 있어요?

2) 리신 씨는 기숙사에서 무엇을 해요?

3) 로빈 씨는 한국어를 공부하고 무엇을 해요?

들어 보세요 Listening Practice

1 다음을 잘 듣고 질문에 답하세요.
Listen carefully, and answer the questions.

1) 맞는 것을 고르세요.
Which of the following is correct.

① 왕링 씨는 연습실에 가요.　　② 두 사람은 식당에서 만나요.
③ 꾸엔 씨는 연구실에서 공부해요.　④ 왕링 씨는 도서관에서 공부해요.

 읽어 보세요 Reading Practice

1 다음을 읽고 질문에 답하세요.
After reading the following, answer the questions.

> 어머니, 아버지께
>
> 　안녕하세요? 저는 한국에서 잘 지내요. 저는 매일 학교에 가요. 수업이 끝나고 학생 식당에서 밥을 먹어요. 밥을 먹고 도서관에 가요. 도서관에서 숙제를 하고 집에 와요. 주말에는 친구들을 만나요. 우리 반 친구들은 모두 친절해요. 저는 한국 생활이 재미있어요. 어머니, 아버지! 그럼 안녕히 계세요. 사랑해요.
>
> 　　　　　　　　　　　　　요코 드림.

1) 요코 씨는 학교에서 무엇을 해요? 모두 고르세요.

① 　② 　③ 　④

2) 맞는 것을 고르세요.
Which of the following is correct.

① 요코 씨는 친절해요.
② 요코 씨는 부모님과 같이 있어요.
③ 요코 씨는 매일 집에서 밥을 먹어요.
④ 요코 씨는 학교에서 숙제를 하고 집에 와요.

 새 단어 New Vocabulary

깨 to | 편지 letter | 쓰다 write | 잘 well | 지내다 spend | 매일 everyday | 주말 weekend | 드림 from

과제 Task

1 **친구와 '한국어 세종마블' 게임을 해 보세요.**
Try playing 'Korean Sejong Marble' with your friend.

* 게임 방법 How to play

① 주사위를 던져서 나온 수만큼 이동한다.
Move by the number that comes out after throwing the dice.

② 도착한 장소에서 무엇을 할 수 있는지 '-고'를 사용해서 [보기]와 같이 두 문장을 이야기한다.
Use '-고' to tell two sentences about what you can do at the place you arrive, as shown in [보기].

③ 한 문장만 이야기하거나 이야기를 하지 못하면 벌칙 카드(P.189)를 뽑고 벌칙을 수행한다.
If you can't say one sentence or talk, you will get a penalty card and carry out the penalty.

보기	[공원] 공원에서 산책을 하고 자전거를 타요.

출발 / 도착	공원	커피숍	집	시장
우체국				약국
한 번 쉬세요.		한국어 세종마블		교실
두 칸 뒤로 가세요.				도착으로 가세요
노래방				한 칸 앞으로 가세요.
출발로 가세요.	병원	편의점	식당	한 번 쉬세요

7

지난 주말에 뭐 했어요?
What did you do last weekend?

- 학습목표   일상생활을 이야기할 수 있다.
- 문　법   N(시간)에, A/V-았/었-
- 어　휘   날짜 Dates

주말에 뭐 했어요? What did you do last weekend?
방학에 뭐 해요? What are you doing during the vacation?

어휘 | Vocabulary

1 **이번 주말에 뭐 해요?**
What are you doing this weekend?

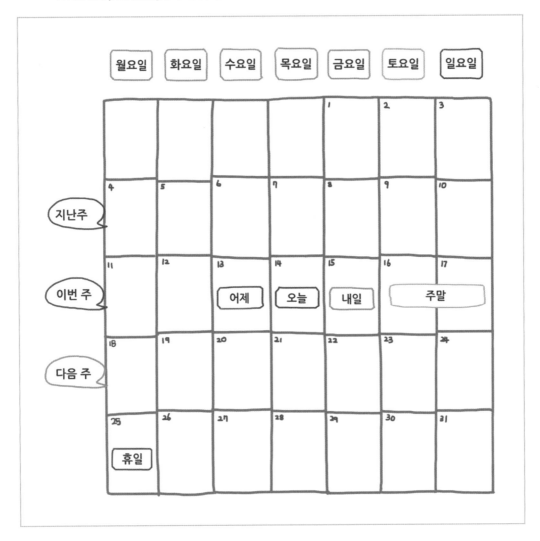

월요일	화요일	수요일	목요일	금요일	토요일	일요일
				1	2	3
4	5	6	7	8	9	10
11	12	13 어제	14 오늘	15 내일	16 주말	17
18	19	20	21	22	23	24
25 휴일	26	27	28	29	30	31

지난주

이번 주

다음 주

오늘은 무슨 요일이에요?

목요일이에요.

문법1 | Grammar1

N(시간)에

가: 주말에 뭐 해요?

나: 주말에 친구를 만나요.

시간 표현 명사 뒤에 붙어
시간을 나타낸다.
This is attached to a time noun.

1 그림을 보고 [보기]와 같이 이야기해 보세요.

Make dialogs like the example shows by using the information in the pictures below.

> 보기
>
> 가: 월요일에 뭐 해요?
>
> 나: 월요일에 공부를 해요.

| 월요일 | 화요일 | 수요일 |

| 목요일 | 금요일 | 주말 |

문법2 | Grammar2

A/V-았/었-

가: 어제 뭐 했어요?

나: 도서관에서 공부했어요.

이야기하는 시점에서 과거 상황을 나타낸다.
This expresses the past situation at the moment of speaking.

A/V	ㅏ, ㅗ (O)	-았-
	ㅏ, ㅗ (X)	-었-
	하다	했-
N	받침 (O)	이었-
	받침 (X)	였-

1 **그림을 보고 [보기]와 같이 이야기해 보세요.**
Make dialogs like the example shows by using the information in the pictures below.

보기

가 : 지난 주말에 뭐 했어요?
나 : 부모님하고 영화를 봤어요.
가 : 영화가 어땠어요?
나 : 재미있었어요.

지난 주말 / 영화 / 보다 / 재미있다

1)

어제 / 백화점 / 가방을 사다 / 비싸다

2)

지난주 토요일 / 요리 / 하다 / 맛있다

3)

어제 / 인사동 / 가다 / 사람 / 많다

4)

지난주 월요일 / 공원 / 가다 / 공원/ 넓다

하고 with | **백화점** department store | **가방** bag | **요리(를) 하다** cook | **인사동** Insa-dong

이야기해 보세요 Speaking Practice　　　MP3 7-1

로 빈	지난 주말에 뭐 했어요?	What did you do last weekend?
꾸 엔	숙제를 했어요. 로빈 씨는요?	I did my homework. What about you, Robin?
로 빈	친구와 같이 명동에 갔어요.	I went to Myeong-dong with my friend.
꾸 엔	명동에서 뭐 했어요?	What did you do in Myeong-dong?
로 빈	쇼핑도 하고 영화도 봤어요.	I went shopping and watched a movie.
꾸 엔	사람이 많았어요?	There were a lot of people?
로 빈	아니요, 지난 주말에는 사람이 적었어요.	No, there weren't many people last weekend.

 다음 질문에 답하세요.
Answer the following questions.

1) 꾸엔 씨는 지난 주말에 무엇을 했어요?

2) 로빈 씨는 지난 주말에 무엇을 했어요?

3) 명동에 사람이 많았어요?

 새 단어 New Vocabulary

명동 Myeong-dong

🎧 들어 보세요 Listening Practice   MP3 7-2

1 다음을 잘 듣고 질문에 답하세요.
Listen carefully, and answer the questions.

1) 여자는 인사동에서 무엇을 구경했어요?

① 　② 　③ 　④

2) 맞으면 O, 틀리면 X 하세요.
Mark O if the information is true, or X if it's not.

① 여자는 인사동에서 비빔밥을 먹었어요.　　(　　)
② 인사동에는 한국 전통 물건이 많아요.　　(　　)
③ 여자는 지난주 토요일에 인사동에 갔어요.　(　　)

📖 읽어 보세요 Reading Practice   MP3 7-3

1 다음을 읽고 질문에 답하세요.
After reading the following, answer the questions.

> 저는 세종대학교에서 한국어를 공부해요. 우리 반 친구들은 모두 친절하고 재미있어요. 지난 방학에는 우리 반 친구들과 부산에 갔어요. 부산에서 수영하고 생선회도 먹었어요. 생선회는 정말 맛있었어요. 부산 여행은 정말 재미있었어요.

1) 부산 여행은 어땠어요?

　　_____.

2) 맞으면 O 틀리면 X 하세요.
Mark O if the information is true, or X if it's not.

① 친구들은 모두 친절해요.　　　　(　　)
② 이 사람은 혼자 여행을 갔어요.　　(　　)
③ 이 사람은 지난 방학에 부산에 갔어요.　(　　)
④ 이 사람은 부산에서 생선회를 먹었어요.　(　　)

새 단어
New Vocabulary

전통 물건 traditional item | **구경하다** see the sights | **비빔밥** bibimbap | **수영(을) 하다** swim |
생선회 sliced raw fish | **여행** trip

과제 Task

1 다음 달력을 보고 [보기]와 같이 친구와 이야기해 보세요.
Seeing the calendar below, have conversations with your friends.

> 보기
>
> 가: 지난주 토요일에 뭐 했어요?
> 나 : 명동에서 쇼핑을 했어요.

일요일	월요일	화요일	수요일	목요일	금요일	토요일
				1	2	3
4	5	6	7	8 로빈 생일파티	9 탈춤 수업	10 명동/쇼핑
11 친구/영화	12 춤 동아리	13 친구/커피	14 오늘	15	16	17
18	19	20	21	22	23	24
25	26	27	28	29	30	31

2 지난주에 뭐 했어요? 친구들에게 사진을 보여 주면서 이야기해 보세요.
What did you do last week? Show your friends some pictures and talk.

> 보기
>
> 지난 주말에 친구하고 제주도에 갔어요.
> 바다에 갔어요.
> 여행이 정말 재미있었어요.

한국의 명절

한국의 달력을 보면 큰 숫자가 있고 큰 숫자 아래에 작은 숫자가 있다. 달력의 큰 숫자를 양력이라고 하고 작은 숫자를 음력이라고 한다. 한국의 명절은 음력으로 지내는데 대표적인 명절에는 설날과 추석이 있다.

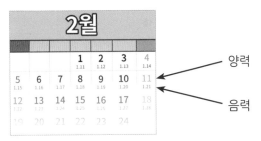

양력

음력

설날	추석

차례를 지내고 세배를 한다.
Hold a memorial service and do the New Year's bow.

떡국을 먹는다.
Eat rice-cake soup.

윷놀이를 한다.
Play a game of yut-game.

차례를 지낸다.
Hold a memorial service.

송편을 먹는다.
Eat songpyeon.

보름달을 보고 소원을 빈다.
Make a wish to the full moon.

If you look at the Korean calendar, there is a large number and a small number under the large number. The large number represents the solar calendar and the small number represents the lunar calendar. Korean holidays are held on the lunar calendar, and some representative holidays include Lunar New Years(설날) and Chuseok(추석).

8 수영을 할 수 있어요?

Can you swim?

- 학습목표 | 잘하는 운동을 이야기할 수 있다.
- 문 법 | V-(으)ㄹ 수 있다(없다), V-는 것
- 어 휘 | 취미 활동 1 Hobby 1

무엇을 잘해요? What do you do well?

그것을 자주 해요? Do you do it frequently?

어휘 | Vocabulary

1 무슨 운동을 할 수 있어요? 이야기해 보세요.
What kind of exercises can you do? Talk to your partner.

 자전거를 타다

 스키를 타다

 스케이트를 타다

> 수영을 할 수 있어요?

 기타를 치다

 피아노를 치다

 테니스를 치다

 축구(를) 하다

 농구(를) 하다

 수영(을) 하다

> 아니요, 할 수 없어요.

잘하다   잘 못하다   못하다

문법1 | Grammar1

V-(으)ㄹ 수 있다(없다)

가: 한국어를 할 수 있어요?
나: 네, 할 수 있어요.

어떤 일을 할 수 있는 능력이나 어떤 일이 일어날 가능과 불가능을 나타낸다.
This expresses the ability or possibility to do something.

받침(O)	-을 수 있다(없다)
받침(X)	-ㄹ 수 있다(없다)

1 그림을 보고 [보기]와 같이 이야기해 보세요.
Make dialogs like the example shows by using the information in the pictures below.

보기

가: 테니스를 칠 수 있어요?
나: 네, 테니스를 칠 수 있어요.
　　아니요, 테니스를 칠 수 없어요.

테니스 / 치다

1)

운전 / 하다

2)

한국 신문 / 읽다

3)

수영 / 하다

4)

오토바이 / 타다

2 [보기]와 같이 이야기해 보세요.
Make dialogs as the example shows.

보기

가: 피아노를 칠 수 있어요?
나: 네, 칠 수 있어요.
가: 잘 쳐요?
나: 아니요, 잘 못 쳐요.

	나	친구
자전거 / 스키 / 스케이트		
기타 / 피아노 / 테니스		
축구 / 농구 / 수영		

새 단어
New Vocabulary

운전(을) 하다 drive | 오토바이 motorcycle

문법2 | Grammar2

V-는 것

가: 무슨 운동을 좋아해요?

나: 저는 스키 타는 것을 좋아해요.

동사나 동사구를 명사처럼 쓸 때 사용한다.
This is same as a gerund in English.

1 그림을 보고 [보기]와 같이 이야기해 보세요.
Make dialogs like the example shows by using the information in the pictures below.

보기

가: 뭐 하는 것을 좋아해요?

나: 피아노 치는 것을 좋아해요.

1)    2)    3)    4)

2 [보기]와 같이 이야기해 보세요.
Make dialogs as the example shows.

보기
가: 수업 끝나고 뭘 해요?

나: 농구를 해요.

가: 농구하는 것을 좋아해요?

나: 네, 농구하는 걸 좋아해요.

가: 농구를 잘해요?

나: 네, 잘해요.

🎤 이야기해 보세요 Speaking Practice

누르잔	리신 씨는 운동을 자주 해요?	Lishin, do you work out often?
리 신	아니요, 수업이 많아요.	No, I have a lot of classes.
	그래서 가끔 해요.	So I work out from time to time.
누르잔	무슨 운동을 좋아해요?	What kind of sports do you like?
리 신	저는 수영하고 농구를 좋아해요.	I like swimming and basketball.
	누르잔 씨도 수영을 할 수 있어요?	Can you swim too, Nurjan?
누르잔	아니요, 수영을 못해요.	No, I can't swim.
	저는 농구하는 것을 좋아해요.	I like to play basketball.
리 신	그럼 이번 주말에 같이 농구해요.	Then let's play basketball together this weekend.
누르잔	네, 좋아요.	Okay, good.

1 다음 질문에 답하세요.
Answer the following questions.

1) 리신 씨는 무슨 운동을 좋아해요?

2) 누르잔 씨는 수영을 할 수 있어요?

3) 두 사람은 언제 농구를 해요?

새 단어
New Vocabulary

그래서 so | 가끔 sometimes

🎧 들어 보세요 Listening Practice

1 다음을 잘 듣고 질문에 답하세요.
Listen carefully, and answer the questions.

1) 두 사람은 무슨 운동을 할 수 있어요?

여자 •   • 수영

남자 •   • 테니스

2) 맞는 것을 고르세요.
Which of the following is correct.

① 여자는 요즘 바빠요.   ② 여자는 테니스를 잘 쳐요.
③ 남자는 테니스를 가끔 쳐요.   ④ 두 사람은 같이 운동을 해요.

📖 읽어 보세요 Reading Practice

1 다음을 읽고 질문에 답하세요.
After reading the following, answer the questions.

> 저는 일본 학생 요코예요.
> 지금 세종대학교에서 한국어를 배워요.
> 저는 스키 타는 것을 아주 좋아해요.
> 여러분도 스키 타는 것을 좋아해요?
> 우리 같이 스키를 타요.
> 스키 동아리에서 한국 친구도 사귀고
> 스키 타는 것도 배울 수 있어요.

1) 맞으면 O 틀리면 X 하세요.
Mark O if the information is true, or X if it's not.

① 요코 씨는 요즘 매일 스키를 타요.   (   )
② 스키 동아리에 한국 친구들도 있어요.   (   )
③ 동아리에서 스키를 배울 수 있어요.   (   )

새 단어
New Vocabulary

바쁘다 busy | **같이** together | **동아리** club | **사귀다** make friends

8

과제 Task

1 친구의 능력을 확인해 보세요.
Check what your friends can do.

테니스를 치다	수영(을) 하다	기타를 치다
피아노를 치다	운전(을) 하다	자전거를 타다

★ 게임 방법 How to play

① 반 친구 한 명을 선택하여 그 친구의 이름을 쓴다.
Choose one of our classmates and write his/her name.

② 그림을 보고 친구의 능력을 추측하여 문장을 만들어 완성하도록 한다.
Look at the picture and make a sentence that guesses that friend's ability to do something.
예) 꾸엔 씨는 운전할 수 있어요.

③ 선택한 친구를 찾아가 '-(으)ㄹ 수 있다/없다'를 사용하여 질문하고 사실을 확인한다.
Ask that friend questions using '-(으)ㄹ 수 있다/없다' and check the your answer.

④ 맞으면 ○, 추측이 틀리면 × 하도록 한다.
If it's right, then ○, if it's wrong, then x.

⑤ 누가 가장 많이 맞았는지 확인한다.
The person who gets the most right wins.

이름:

		-(으)ㄹ 수 있어요(없어요)	확인
무엇을 잘해요?	테니스		
	수영		
	기타		
	피아노		
	운전		
	자전거		

9 제 취미는 수영하는 거예요
My hobby is swimming

- 학습목표   취미 생활을 이야기할 수 있다.
- 문　법   V-ㅂ니까?/습니까?/ V-ㅂ니다/습니다, V-(으)세요
- 어　휘   취미 활동 2 Hobby 2

취미가 뭐예요? What is your hobby?
무엇이 재미있어요? What is interesting to you?

9

어휘 | Vocabulary

1 여러분의 취미를 이야기해 보세요.
Tell us about your hobbies.

| 요리(를) 하다 | 등산(을) 하다 | 여행(을) 하다 | 노래(를) 하다 |

| 음악을 듣다 | 사진을 찍다 | 그림을 그리다 | 춤(을) 추다 |

취미가 뭐예요?

제 취미는
요리하는 거예요.

94 좋아요 한국어

문법1 | Grammar1

V-ㅂ니까?/습니까?, V-ㅂ니다/습니다

가: 지금 무엇을 합니까?
나: 음악을 듣습니다.

'-ㅂ니까/습니까?'는 격식적인 표현으로 현재의 상황에 대해 질문할 때 사용한다. '-ㅂ니다/습니다'는 현재의 상황에 대해 서술할 때 사용한다.
'-ㅂ니까/습니까?' is used to ask the present activity in formal style. '-ㅂ니다/습니다' is used to state the present activity.

받침(O)	을	-습니까/습니다
받침(X)	를	-ㅂ니까/ㅂ니다

① 그림을 보고 [보기]와 같이 이야기해 보세요.
Make dialogs like the example shows by using the information in the pictures below.

> 보기
>
> 가: 지금 무엇을 합니까?
> 나: 친구를 만납니다.

1)

2)

3)

② [보기]와 같이 이야기해 보세요.
Make dialogs as the example shows.

> 보기
>
> 가: 어제 뭐 했습니까?
> 나: 도서관에서 공부를 했습니다.

[보기]	도서관	공부를 하다
1)	극장	영화를 보다
2)	연습실	춤을 추다
3)	공원	사진을 찍다

문법2 | Grammar2

V-(으)세요

가: 여기에 앉으세요.
나: 고마워요.

상대방에게 어떠한 행동을 할 것을
정중하게 명령할 때 사용한다.
This is used to politely give an order
to someone to do something.

받침(O)	-으세요
받침(X)	-세요

1 그림을 보고 [보기]와 같이 이야기해 보세요.
Make dialogs like the example shows by using the information in the pictures below.

보기

가: 심심해요.
나: 텔레비전을 보세요.

1)

2)

3)

2 [보기]와 같이 이야기를 해 보세요.
Make dialogs as the example shows.

보기

가: 피곤해요.
나: 쉬세요.

[보기] 피곤하다 •   • 기다리다

1) 다리가 아프다 •   • 쉬다

2) 날씨가 좋다 •   • 앉다

3) 시험이 있다 •   • 산책을 하다

4) 친구가 안 오다 •   • 공부하다

앉다 sit | 심심하다 bored | 다리 leg | 아프다 sick | 날씨 weather | 시험 exam | 기다리다 wait

🎤 이야기해 보세요 Speaking Practice

요 코	리신 씨, 취미가 뭐예요?	Lishin, what's your hobby?
리 신	제 취미는 수영하는 거예요. 요코 씨는요?	My hobby is swimming. What about you Yoko?
요 코	저는 영화보는 걸 좋아해요.	I like to watch movies.
리 신	영화를 자주 봐요?	
요 코	네, 자주 봐요.	Yes I do it often.
리 신	요즘 무슨 영화가 재미있어요?	What movies are interesting these days?
요 코	'첫사랑' 봤어요? 정말 재미있어요. 꼭 보세요.	Did you watch 'First love'? It's so much fun. Make sure to watch it.

1 ## 다음 질문에 답하세요.
Answer the following questions.

1) 리신 씨 취미는 뭐예요?

2) 요코 씨 취미는 뭐예요?

3) 요코 씨는 영화를 자주 봐요?

새 단어
New Vocabulary

요즘 these days | **꼭** surely

🎧 들어 보세요 Listening Practice

MP3 9-2

1 **다음을 잘 듣고 질문에 답하세요.**
Listen carefully, and answer the questions.

1) 남자의 취미가 뭐예요?

① 산책　　　　② 운동　　　　③ 수영　　　　④ 축구

2) 맞으면 O, 틀리면 X 하세요.
Mark O if the information is true, or X if it's not.

① 남자는 운동을 잘해요.　　　　　　　　　(　　)
② 남자는 매일 수영을 해요.　　　　　　　　(　　)
③ 남자는 바다에서 수영을 자주 했어요.　　(　　)

📖 읽어 보세요 Reading Practice

MP3 9-3

1 **다음을 읽고 질문에 답하세요.**
After reading the following, answer the questions.

> 　저는 사진 찍는 것을 아주 좋아합니다. 그래서 매일 사진을 찍습니다. 산에도 가고 바다에도 갑니다. 어제는 친구하고 같이 시장에 갔습니다. 저는 시장도 구경하고 사진도 많이 찍었습니다. 정말 재미있었습니다.

1) 이 사람의 취미는 뭐예요?

_____.

2) 맞는 것을 고르세요.
Which of the following is correct.

① 이 사람은 매일 시장에 가요.
② 이 사람은 가끔 사진을 찍어요.
③ 이 사람은 시장에서 사진을 찍었어요.

그중에서 among them | **가장** most | **바다** sea | **시장** market

과제 Task

1 '-(으)세요' 명령하기 게임을 해 보세요.
Try playing the '-(으)세요' game.

* **게임 방법 How to play**

① 두 팀으로 나눈다.
Divide the class into two teams.

② 주사위를 굴려 제일 큰 숫자가 나온 팀이 먼저 명령한다.
The team that throws the dice and gets the bigger number orders first.

③ 카드는 가운데에 모두 뒤집어 놓는다.
The cards are all turned upside down in the middle of the classroom.

④ 뒤집어 놓은 카드 중에서 한 장을 뽑아 '-(으)세요'로 다른 팀 중 한 명에게 명령한다.
Pick a card on the table and request another person of the other team with '-(으)세요'.

앉다	일어나다	춤을 추다	들어오다
나가다	웃다	노래하다	쉬다

2 여러분의 취미를 이야기해 보세요.
Let's talk about your hobbies.

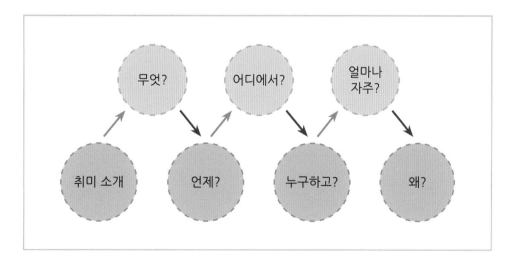

무엇?　어디에서?　얼마나 자주?

취미 소개　언제?　누구하고?　왜?

등산을 좋아하는 한국인

한국에는 산이 많다. 유명한 산으로는 한라산(제주도), 설악산(강원도), 지리산(전라도)이 있고 서울에는 북한산과 남산이 유명하다. 이외에도 전국에 아름다운 산이 정말 많다. 그래서 한국 사람들은 주말이 되면 집 근처 가까운 산으로 등산을 많이 간다. 특히 가을에는 단풍 구경을 하기 위해 전국의 유명한 산에는 등산객들로 늘 붐빈다. 등산은 아름다운 경치를 즐길 수 있을 뿐만 아니라 건강에도 좋고, 산에서 내려간 뒤에 맛있는 음식을 먹을 수 있어서 한국 사람들에게 인기 있는 여가활동이다.

There are many mountains in Korea. Famous mountains include Hallasan Mountain(Jeju Island), Seoraksan Mountain(Gangwon-do), and Jirisan Mountain(Jeolla-do). Seoul's most famous mountains include Bukhansan Mountain and Namsan Mountain. There are so many beautiful mountains all over the country. So, Koreans often go hiking to mountains near their homes on weekends. Famous mountains across the country are especially crowded with hikers who gather to see the leaves fall during autumn. Climbing is a popular leisure activity for Koreans because it is not only good for their health but also for the beautiful scenery, and the delicious food people enjoy after going down.

그럼 포도 세 송이 주세요
Three grapes, please

- 학습목표 │ 물건을 살 수 있다.
- 문 법 │ 단위 명사, N 주세요
- 어 휘 │ 명사 Noun

어디에 있어요? Where is it?
무엇을 사요? What do you buy?

어휘 | Vocabulary

1 무엇이에요? 이야기해 보세요.
What's this? Talk to your partner.

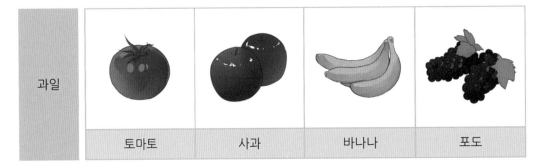

| 과일 | 토마토 | 사과 | 바나나 | 포도 |

| 음료수 | 물 | 주스 | 우유 | 커피 |

| 생활용품 | 치약 | 칫솔 | 비누 | 수건 |

사과 주세요.

네, 여기 있어요.

단위 명사

가: 커피를 마셔요?

나: 네, 매일 한 잔 마셔요.

단위 명사는 사물이나 사람을 셀 때 단위를 표현하는 데 사용한다.
Unit nouns used that express the appropriate unit when counting things or people.

1 단위를 이야기해 보세요.
Let's talk about count of unit.

| 개 | 권 | 대 | 자루 |

| 병 | 잔 | 송이 | 마리 |

2 그림을 보고 [보기]와 같이 친구과 이야기해 보세요.
Make dialogs like the example shows by using the information in the pictures below.

보기

가: 모자가 몇 개 있어요?

나: 한 개 있어요.

1)   2)   3)   4)

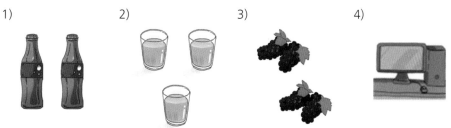

모자 hat

문법2 | Grammar2

N 주세요

가: 커피 한 잔 주세요.

나: 네, 알겠습니다.

상대방에게 어떠한 것을 공손히
달라고 할 때 사용한다.
This is used to make a polite
request to someone.

1 그림을 보고 [보기]와 같이 이야기해 보세요.

Make dialogs like the example shows by using the information in the pictures below.

보기

가: 공책 있어요?
나: 네, 있어요.
가: 공책 주세요.
나: 여기 있어요.

1)   2)   3)   4)

2 그림을 보고 [보기]와 같이 이야기해 보세요.

Make dialogs like the example shows by using the information in the pictures below.

보기

가: 소고기 한 근 주세요.
나: 네, 잠깐만 기다리세요.

1)   2)   3)   4)

공책 notebook | 지우개 eraser | 연필 pencil | 소고기 beef | 근 Korean unit of weight | 잠깐만 for a moment

🎤 이야기해 보세요 Speaking Practice

주 인	어서 오세요.	Welcome.
리 신	네, 안녕하세요? 사과 있어요?	Hello. Do you have apples?
주 인	아니요, 없어요.	No, I don't.
리 신	그럼 포도 있어요?	Do you have grapes?
주 인	네, 있어요. 배도 있어요.	Yes, I do. I also have pears.
리 신	그럼 포도 세 송이 주세요.	Then I'll have three grapes.
	그리고 배도 한 개 주세요.	And a pear, please.
주 인	네, 여기 있어요.	Sure, here you go.

 다음 질문에 답하세요.

Answer the following questions.

1) 여기는 어디예요?

2) 사과가 있어요?

3) 리신 씨는 무엇을 사요?

배 pear

들어 보세요 Listening Practice   MP3 10-2

1 **다음을 잘 듣고 질문에 답하세요.**
Listen carefully, and answer the questions.

문제	어디예요?	무엇을 사요?
1)		
2)		

 읽어 보세요 Reading Practice   MP3 10-3

1 **다음을 읽고 질문에 답하세요.**
After reading the following, answer the questions.

저는 기숙사에 살아요. 기숙사는 학교 뒤에 있어요. 기숙사 옆에는 마트가 있어요. 그 마트에는 여러 가지 물건이 많이 있어요. 음료수, 과자, 생활용품이 있어요. 그래서 저는 마트에 자주 가요.

1) 기숙사 근처에 무엇이 있어요?

_____.

2) 맞으면 O, 틀리면 X 하세요.
Mark O if the information is true, or X if it's not.

① 학교 앞에 기숙사가 있어요.   (   )
② 마트에 칫솔이 있어요.   (   )
③ 이 사람은 마트에 자주 가요.   (   )

 새 단어
New Vocabulary

살다 live | **마트** mart | **여러 가지** many kinds | **물건** goods

과제 Task

1 친구와 '가위 바위 보 게임'을 해 보세요.
Play Rock-paper-scissors with your friend.

(마리)	(잔)	(개)
(송이)	(권)	(자루)
(대)	(잔)	(병)

* **게임 방법 How to play**

① 가위 바위 보를 해서 이긴 사람이 진 사람의 물건을 가져온다.
Play rock-paper-scissors and the winner gets the opponent's stuff.

② 같은 종류의 물건을 많이 가져온 사람이 이기는 게임이다.
It's a game where the person who brings a lot of the same kind of things wins.

가위	바위	보

> **보기**
>
> 가: ㅇㅇ 씨, 연필 있어요?
> 나: 네, 있어요.
> 가: 몇 자루 있어요?
> 나: 두 자루 있어요.
> 가: 모두 주세요.

이 샌드위치 얼마예요?
How much is this sandwich?

- 학습목표 | 가격을 말할 수 있다.
- 문　　법 | 이, 그, 저 , N하고 N
- 어　　휘 | 숫자, 한국 돈 Numbers, Korean Currency

편의점에 뭐가 있어요? What is in convenience store?

주스는 얼마예요? How much is the juice?

1 숫자
Numbers

1	2	3	4	5
일	이	삼	사	오

6	7	8	9	10
육	칠	팔	구	십

100	1,000	10,000	100,000
백	천	만	십만

2 한국 돈
Korean Currency

십 원	오십 원	백 원	오백 원

천 원	오천 원	만 원	오만 원

문법1 | Grammar1

이, 그, 저

가: 이것은 무엇이에요?
나: 그것은 책이에요.

이것   그것   저것

이 / 그 / 저 +   → 이 책
→ 그 책
→ 저 책

1 **그림을 보고 [보기]와 같이 이야기해 보세요.**

Make dialogs like the example shows by using the information in the pictures below.

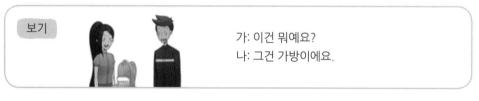

보기   가: 이건 뭐예요?
나: 그건 가방이에요.

1)   2)   3)   4)

문법2 | Grammar2

N하고 N

가: 뭘 사요?

나: 사과하고 배를 사요.

사람이나 사물을 같은 자격으로 이어줄 때 사용한다.
These are used to connect people or goods of the same status in a sentence.

1 그림을 보고 [보기]와 같이 이야기해 보세요.

Make dialogs like the example shows by using the information in the pictures below.

보기

가: 가방에 뭐가 있어요?

나: 책하고 연필이 있어요.

1) 마트

2) 욕실

2 [보기]와 같이 질문에 대답해 보세요.

Answer the questions as the example shows.

보기

가: 편의점에서 뭘 사요?

나: 우유하고 빵을 사요.

	질문	대답
[보기]	편의점에서 뭘 사요?	우유 / 빵
1)	교실에 뭐가 있어요?	
2)	고향에 누가 있어요?	
3)	지갑에 뭐가 있어요?	

새 단어
New Vocabulary

지갑 wallet

🎤 이야기해 보세요 Speaking Practice

MP3 11-1

리 신	이 샌드위치는 얼마예요?
주 인	그건 하나에 2,000 원이에요.
	그리고 저 핫도그는 하나에 3,000 원이에요.
리 신	그럼, 샌드위치 하나하고 핫도그 두 개 주세요.
	저 우유는 얼마예요?
주 인	딸기 우유는 1,500 원이고
	바나나 우유는 1,900 원이에요.
리 신	바나나 우유도 하나 주세요. 모두 얼마예요?
주 인	샌드위치하고 핫도그, 바나나 우유,
	모두 9,900 원이에요.
리 신	감사합니다.

How much is this sandwich?

It's 2,000 won each.

And that hot dog is 3,000 won each.

Then, one sandwich and two hot dogs, please.

How much is that milk?

Strawberry milk is 1,500 won

and banana milk is 1,900 won.

One banana milk, please. How much is it?

The sandwich, hot dogs, and banana milk are

9,900 won in total.

Thank you.

1 **다음 질문에 답하세요.**
Answer the following questions.

1) 리신 씨는 핫도그를 몇 개 사요?

2) 딸기 우유는 하나에 얼마예요?

3) 리신 씨는 뭘 샀어요?

새 단어
New Vocabulary

샌드위치 sandwich | **얼마** How much | **핫도그** hot dog

🎧 들어 보세요 Listening Practice   MP3 11-2

1 **다음을 잘 듣고 맞으면 O, 틀리면 X 하세요.**
Listen carefully, and mark O if the information is true, or X if it's not.

1)
1,900 원
(   )

2)
37,000 원
(   )

3)
15,000 원
(   )

4)
1,000 원
(   )

📖 읽어 보세요 Reading Practice   MP3 11-3

1 **다음을 읽고 질문에 답하세요.**
After reading the following, answer the questions.

저는 학교 앞 편의점에 자주 가요. 편의점에 빵, 우유가 있어요. 김밥도 있어요. 김밥은 한 줄에 3,000 원이에요. 저는 김밥을 좋아해요. 그래서 저는 김밥을 자주 먹어요. 어제도 친구하고 편의점에 갔어요. 친구가 김밥을 샀어요. 우리는 김밥을 먹고 커피숍에서 커피를 마셨어요. 커피는 제가 샀어요. 한 잔에 3,500 원이었어요.

1) 맞으면 O 틀리면 X 하세요.
Mark O if the information is true, or X if it's not.

① 저는 자주 편의점에 가요.   (   )
② 저하고 친구는 빵을 아주 좋아해요.   (   )
③ 친구가 김밥을 샀어요.   (   )
④ 커피는 한 잔에 3,000 원이에요.   (   )

새 단어
New
Vocabulary

김밥 Gimbap | **줄** roll

과제 Task

1 다음 그림을 보고 [보기]와 같이 주인과 손님이 되어 이야기해 보세요.

Seeing each of the pictures below, make a conversation as a shopkeeper and a customer as the example shows.

보기

주인 : 어서 오세요.

손님 : 네, 안녕하세요. 이 파인애플은 얼마예요?

주인 : 그건 1 개에 5,000 원이에요.

손님 : 저 오렌지는 얼마예요?

주인 : 2 개에 3,000 원이에요.

손님 : 그럼 파인애플 1 개하고 오렌지 6 개 주세요. 모두 얼마예요?

주인 : 파인애플 1 개, 오렌지 6 개 모두 14,000 원이에요.

손님 : 여기 있어요.

주인 : 감사합니다. 또 오세요.

손님 : 안녕히 계세요

1)

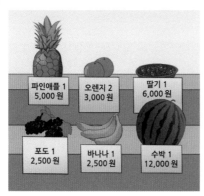

2)

화폐 속 숨은 그림 찾기
Find the Hidden Pictures in Korean Paper Bills

묵포도도, Muk-Grapes-Do

묵포도도는 나무에 매달린 포도를 소재로 한 그림을 말하며 신사임당의 작품이다.

This painting, made by Shin Saimdang(the person in the bill) is a painting(Do) that based on grapes hanging from trees.

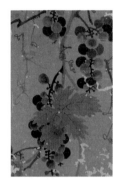

일월오봉도, IL-Wol-Oh-Bong-Do

일월오봉도는 달과 해 앞에 다섯 봉우리의 산을 그린 그림이란 뜻이다.

This is a painting(Do) of five(Oh) mountatins(Bong) in front of the moon(Wol) and sun(IL)

오죽헌, Oh-Jook-Heon

오죽헌은 신사임당과 율곡 이이가 태어난 집으로 보물165호이다.

This is the house where Shin Saimdang and Yulgok Yiyi(the person in the bill) was born in. It is also registered as the Korean national treasure No. 165.

매화, Mae-Hwa(Plum Flower)

매화는 퇴계 이황이 생전에 가장 아꼈던 나무이다.

The plum flower, or maehwa was one of Toegye Lee Hwang's(the person in the bill) favourite trees/ plants.

12 뭐 먹고 싶어요?
What do you want to eat?

- **학습목표** | 식당에서 주문할 수 있다.
- **문 법** | V-고 싶다, ㅂ 불규칙
- **어 휘** | 식당, 맛 Restaurant, Taste

한국 식당에 자주 가요? Do you often go to Korean restaurants?
한국 음식이 어때요? How are Korean foods?

어휘 | Vocabulary

1 어떤 음식을 좋아해요?
What kind of food do you like?

| 한식 | 중식 | 일식 | 양식 |

2 어떤 맛이에요?
How does it taste?

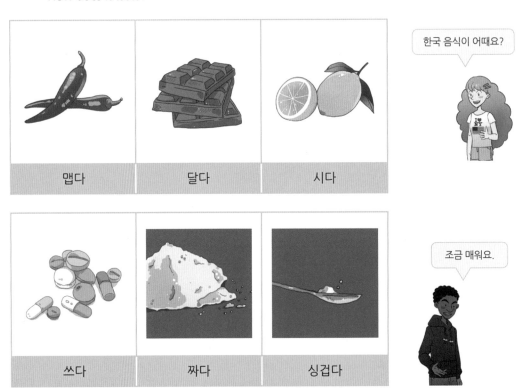

| 맵다 | 달다 | 시다 |

한국 음식이 어때요?

| 쓰다 | 짜다 | 싱겁다 |

조금 매워요.

문법1 | Grammar1

V-고 싶다

가: 뭐 먹고 싶어요?
나: 된장찌개가 먹고 싶어요.

말하는 사람의 희망을 표현할 때
사용한다.
This is used to express the
speaker's hopes/desires.

1 그림을 보고 [보기]와 같이 이야기해 보세요.
Make dialogs like the example shows by using the information in the pictures below.

보기

가: 뭐 먹고 싶어요?
나: 피자가 먹고 싶어요.

1)    2)   3)   4)

삼계탕   초밥   초콜릿

2 [보기]와 같이 이야기해 보세요.
Create dialogues with your partner as shown in the example.

보기

가: 어디에 가고 싶어요?
나: 제주도에 가고 싶어요.

[보기]	어디 / 가다	제주도
1)	내일 / 뭐 / 하다	
2)	명동 / 뭘 / 사다	
3)	누구 / 만나다	
4)	어디 / 살다	
5)	친구 / 뭐 / 하다	

새 단어
New
Vocabulary

삼계탕 samgyetang | **초밥** sushi | **초콜릿** chocolate | **누구** who

문법2 | Grammar2

ㅂ 불규칙

가: 김치 맛이 어때요?

나: 조금 매워요.

받침 'ㅂ' 뒤에 모음이 오면 받침 'ㅂ'이 '우'로 바뀐다.
When the final consonant 'ㅂ' is followed by a vowel, the 'ㅂ' is changed to '우'.

1 맞는 것과 연결하고 [보기]와 같이 문장을 만들어 보세요.
Connect the correct pairs, and make a sentence like the example below.

| 보기 | 커피가 뜨거워요. |

[보기] 커피 ●————————● 뜨겁다

1) 옷 ● ● 시끄럽다

2) 교실 ● ● 덥다

3) 날씨 ● ● 더럽다

2 그림을 보고 [보기]와 같이 질문에 대답해 보세요.
Answer the questions like the example shows by using the information in the pictures below.

가: 음식 맛이 어때요?

나: 싱거워요.(싱겁다)

1)

가: 고향 날씨가 어때요?
(덥다)

2)

가: 시험이 어땠어요?
(어렵다)

3)

가: 한국 날씨가 어때요?
(춥다)

새 단어
New Vocabulary

뜨겁다 hot | **시끄럽다** noisy | **더럽다** dirty | **덥다** hot | **어렵다** difficult | **춥다** cold

🎤 이야기해 보세요 Speaking Practice

리신	요코 씨, 뭐 먹고 싶어요?	Yoko, what do you want to eat?
요코	이 식당은 뭐가 맛있어요?	What's good in this restaurant?
리신	삼계탕이 맛있어요.	Samgyetang is delicious.
요코	삼계탕이 매워요?	Is Samgyetang spicy?
리신	아니요, 맵지 않아요.	No, it's not spicy.
요코	그럼 우리 삼계탕 먹어요.	Then let's eat Samgyetang.
리신	좋아요. 여기요. 삼계탕 두 그릇 주세요.	All right. Excuse me. Two bowls of Samgyetang, please.

1 다음 질문에 답하세요.
Answer the following questions.

1) 여기는 어디예요?

2) 이 식당은 무슨 음식이 맛있어요?

3) 삼계탕이 매워요?

그릇 unit noun for bowl

들어 보세요 Listening Practice   MP3 12-2

1 다음을 잘 듣고 질문에 답하세요.
Listen carefully, and answer the questions.

1) 여자는 무엇을 먹어요? 모두 고르세요.

①   ②   ③   ④

2) 맞는 것을 모두 고르세요.
Which of the following is correct.

① 여자는 한식을 먹어요.   ② 남자는 외국 사람이에요.
③ 두 사람은 같이 식당에 갔어요.   ④ 이 식당은 불고기 피자가 맛있어요.

읽어 보세요 Reading Practice   MP3 12-3

1 다음을 읽고 질문에 답하세요.
After reading the following, answer the questions.

> 비빔밥은 한국 음식이에요. 한국 사람들도 좋아하고 외국 사람들도 좋아해요. 맛있고 맵지 않아요.
> 비빔밥에는 고추장과 여러 가지 채소, 계란이 있어요. 저는 처음에 고추장을 많이 넣었어요. 너무 매웠어요. 하지만 맛있었어요.

1) 비빔밥에 없는 것은 뭐예요?

① 계란   ② 채소   ③ 소금   ④ 고추장

2) 맞는 것을 고르세요.
Which of the following is correct.

① 비빔밥은 맵고 맛없어요.
② 고추장은 맵고 조금 달아요.
③ 비빔밥은 외국 사람들도 좋아해요.
④ 비빔밥에는 고추장을 넣지 않아요.

 새 단어 New Vocabulary

고추장 gochujang | **채소** vegetable | **계란** egg | **처음** first | **넣다** put in | **소금** salt

과제 Task

1 여러분은 무슨 음식을 좋아해요? 이야기해 보세요.
What kind of food do you like? Talk with your partner.

한식 Korean food				
일식 Japanese food				
중식 Chinese food				
양식 Western food				

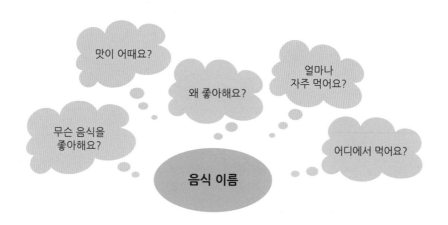

맛이 어때요?

왜 좋아해요?

얼마나
자주 먹어요?

무슨 음식을
좋아해요?

어디에서 먹어요?

음식 이름

13

학생 식당에 가 봤어요?
Have you been to the student cafeteria?

- 학습목표 | 음식 이름을 이야기할 수 있다.
- 문 법 | V-아/어 보다, A/V-지만
- 어 휘 | 음식 이름 Names of Foods

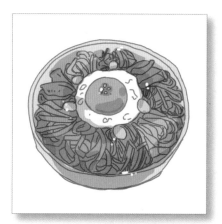

한국 음식을 좋아해요? Do you like Korean food?
무슨 음식이 맛있어요? Which foods are delicious?

어휘 | Vocabulary

1 이건 뭐예요? 이야기해 보세요.
What's this? Talk to your partner.

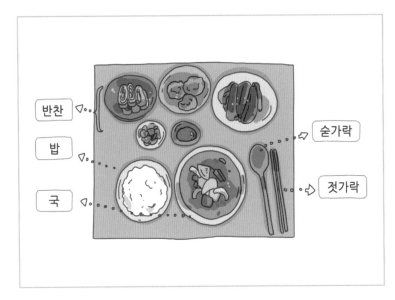

불고기를 먹어 봤어요?

네, 먹어 봤어요.

2 어떤 음식을 먹어 봤어요? 이야기해 보세요.
What kind of food have you tried? Talk to your partner.

| 김치찌개 | 된장찌개 | 불고기 | 삼겹살 |
| 라면 | 떡볶이 | 냉면 | 김밥 |

문법1 | Grammar1

V-아/어 보다

가: 한국 음식을 먹어 봤어요?

나: 아니요, 아직 못 먹어 봤어요.

가: 맛있어요. 한번 먹어 보세요.

어떤 일을 한번 시도하거나 경험했음을 나타낸다.
This expresses that a speaker has attempted or experienced something before.

ㅏ, ㅗ (O)	-아 보다
ㅏ, ㅗ (X)	-어 보다
하다	해 보다

1 그림을 보고 [보기]와 같이 문장을 만들어 보세요.

Make dialogs like the example shows by using the information in the pictures below.

가: 놀이공원에 가 봤어요?

나: 네, 가 봤어요. / 아니요, 아직 못 가 봤어요.

1)

삼계탕 / 먹다

2)

막걸리 / 마시다

3)

한국 음식 / 만들다

4)

번지점프 / 하다

2 [보기]와 같이 이야기해 보세요.

Make dialogs as the example shows.

보기

가: 제주도에 가 봤어요?

나: 아니요, 못 가 봤어요.

가: 한번 가 보세요. 정말 아름다워요.

1)

2)

3)

새 단어
New Vocabulary

아직 yet | **놀이공원** amusement park | **막걸리** makgeolli | **번지점프** bungee jumping | **아름답다** beautiful

문법2 | Grammar2

A/V-지만

가: 떡볶이 맛이 어때요?

나: 맵지만 맛있어요.

연결하는 두 문장의 의미가
서로 대조, 반대될 때 사용한다.
This is used when the contexts
of two connected clauses are
contrary to each other.

1 그림을 보고 [보기]와 같이 문장을 만들어 보세요.

Make dialogs like the example shows by using the information in the pictures below.

누르잔 씨는 남자지만 꾸엔 씨는 여자예요.

누르잔/남자 꾸엔/여자

1)

저 / 생선 / 먹다   동생 / 생선 / 안 먹다

2)

KTX / 빠르다   비싸다

2 [보기]와 같이 이야기해 보세요.

Make dialogs as the example shows.

가: 번지점프를 해 봤어요?
나: 네, 해 봤어요.
가: 어땠어요?
나: 재미있지만 무서웠어요.

[보기]	번지점프를 하다	재미있다 / 무섭다
1)	레몬을 먹다	
2)	설악산에 가다	
3)		

새 단어
New
Vocabulary

생선 fish | **빠르다** fast | **무섭다** horrible | **레몬** lemon | **설악산** Seoraksan Mountain

🎤 이야기해 보세요 Speaking Practice

요 코	리신 씨는 무슨 음식을 좋아해요?
리 신	저는 스파게티를 좋아해요. 요코 씨는요?
요 코	저는 김치찌개를 좋아해요.
리 신	김치찌개가 안 매워요?
요 코	맵지만 맛있어요. 리신 씨, 점심 먹었어요?
리 신	아니요, 아직 안 먹었어요.
요 코	그럼 우리 학생 식당에서 같이 점심을 먹어요. 리신 씨, 학생 식당에 가 봤어요?
리 신	아니요, 아직 못 가 봤어요.
요 코	그래요? 학생 식당에서 스파게티하고 김치찌개를 모두 먹을 수 있어요.

What kind of food do you like?

I like spaghetti. What about you, Yoko?

I like kimchi stew.

Kimchi stew isn't spicy?

It's spicy but delicious. Lishin, did you have lunch?

No, I haven't eaten yet.

Then let's have lunch together at the student cafeteria. Lishin, have you been to the student cafeteria?

No, I haven't been there yet.

Really? We can eat both spaghetti and kimchi stew in the student cafeteria.

---

 1 **다음 질문에 답하세요.**
Answer the following questions.

1) 두 사람은 무슨 음식을 좋아해요?

2) 김치찌개 맛이 어때요?

3) 두 사람은 어디에서 점심을 먹어요?

 새 단어
New
Vocabulary

스파게티 spaghetti | **점심** lunch

🎧 들어 보세요 Listening Practice MP3 13-2

1 다음을 잘 듣고 질문에 답하세요.
Listen carefully, and answer the questions.

1) 두 사람은 내일 무슨 음식을 먹어요?

① 한식 　　　　　 ② 중식 　　　　　 ③ 일식

2) 맞는 것을 고르세요.
Which of the following is correct.

① 남자는 한국 음식을 좋아해요.
② 두 사람은 내일 시험이 없어요.
③ 세종 식당은 학교 근처에 있어요.
④ 여자는 세종 식당에 안 가 봤어요.

📖 읽어 보세요 Reading Practice MP3 13-3

1 다음을 읽고 질문에 답하세요.
After reading the following, answer the questions.

> 　저는 베트남에서 왔습니다. 베트남은 쌀국수가 유명합니다. 저는 쌀국수를 좋아하지만 지금 한국에 있습니다. 그래서 자주 못 먹습니다.
> 　오늘 쌀국수가 너무 먹고 싶었습니다. 학교 근처에 베트남 식당이 있습니다. 그래서 친구와 같이 베트남 식당에 갔습니다. 그 식당은 음식이 싸고 맛있습니다. 친구와 저는 쌀국수를 먹었습니다. 정말 맛있었습니다. 다음 주말에 또 가고 싶습니다. 여러분도 쌀국수를 한번 먹어 보세요.

1) 맞으면 O 틀리면 X 하세요.
Mark O if the information is true, or X if it's not.

① 쌀국수는 베트남 음식입니다. 　　　　(　　　)
② 저는 한국에서 쌀국수를 매일 먹습니다. 　　(　　　)
③ 쌀국수는 비싸지만 맛있습니다. 　　　　(　　　)

새 단어
New Vocabulary

갈비 galbi | **쌀국수** rice noodles | **유명하다** famous | **근처** near | **또** again

📖 과제 Task

1 **[보기]와 같이 고향을 소개해 보세요.**
Introduce your hometown as shown in [보기].

고향	음식	장소

> **보기**
>
> 안녕하세요?
> 저는 베트남 사람입니다.
> 제 고향은 쌀국수가 유명합니다.
> 여러분은 쌀국수를 먹어 봤습니까?
> 쌀국수는 정말 맛있습니다. 한번 먹어 보세요.

음식	장소
안녕하세요? 저는 _____ 사람입니다. 제 고향은 _____이/가 유명합니다. 여러분은 _____을/를 먹어 봤습니까? _____은/는 _____. 한번 먹어 보세요.	안녕하세요? 저는 _____ 사람입니다. 제 고향은 _____이/가 유명합니다. 여러분은 _____에 가 봤습 니까? _____은/는 _____. 한번 가 보세요.

김치

김치는 한국의 전통 발효식품으로 재료를 소금에 절인 후 갖은 양념을 넣어 버무려 발효시킨 음식이다. 김치는 지역에 따라 맛이 조금씩 다를 뿐만 아니라 종류도 매우 다양하다. 아래 그림을 보고 재료와 완성된 김치를 찾아보자.

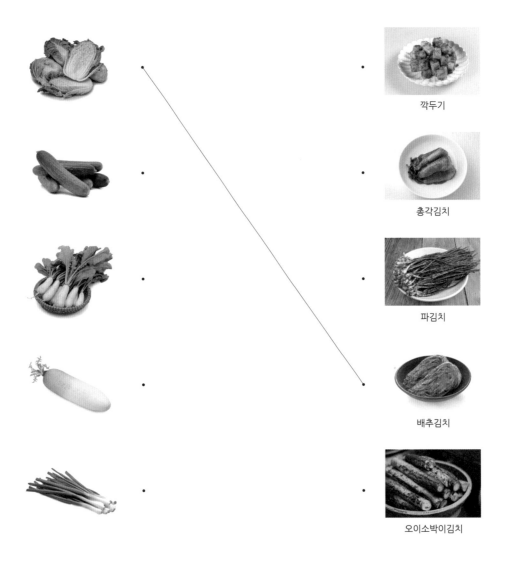

깍두기

총각김치

파김치

배추김치

오이소박이김치

Kimchi is a traditional Korean fermented food that is fermented by marinating ingredients with salt and mixing them with various seasonings. Not only does kimchi taste slightly different depending on the region, but it also has a wide variety of types. Let's look at the picture below and find the ingredients and the finished kimchi.

● 학습목표	계획을 말할 수 있다.
● 문 법	ㄷ 불규칙, V-(으)ㄹ 거예요
● 어 휘	시간 1 Time 1

오후에 뭐 할 거예요? What are you going to do in the afternoon?
누구를 만날 거예요? Who are you going to meet?

어휘 | Vocabulary

1 지금은 언제예요?
What time is it now?

오전　　오후　　밤　　낮　　새벽　　아침　　점심　　저녁

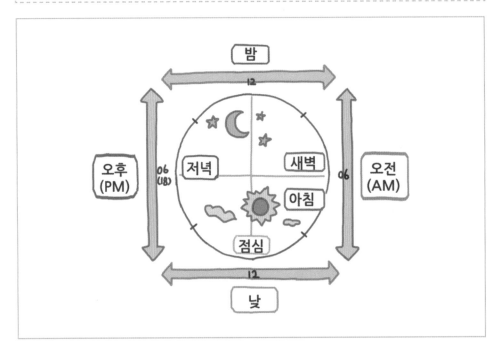

2 ㄷ 동사
ㄷ Verbs

| 걷다 | 듣다 | 묻다 | 닫다 |

문법1 | Grammar1

ㄷ 불규칙

가: 지금 뭐 해요?

나: 음악을 들어요.

모음 어미 앞에서 어간 받침의 'ㄷ'이 'ㄹ'로 바뀐다.
'ㄷ' changes to 'ㄹ' before vowel when some verb stems ending in the final consonant 'ㄷ' are followed by a vowel, 'ㄷ' changes into 'ㄹ'.

1 그림을 보고 [보기]와 같이 이야기해 보세요.

Make dialogs like the example shows by using the information in the pictures below.

보기

가: 지금 뭐 해요?

나: 길을 물어요.

1)

걷다

2)

듣다

3)

닫다

2 [보기]와 같이 이야기해 보세요.

Make dialogs as the example shows.

보기

가: 어제 뭐 했어요?

나: 라디오를 들었어요.

[보기]	라디오	듣다
1)	한국 노래	듣다
2)	한강 공원	걷다
3)	친구 / 인사동	걷다

문법2 | Grammar2

V-(으)ㄹ 거예요

가: 내일 뭐 할 거예요?

나: 집에서 책을 읽을 거예요.

예정이나 미래의 상황을 나타낸다.
This expresses a scheduled or future situation.

받침(O)	-을 거예요
받침(X)	-ㄹ 거예요

1 그림을 보고 [보기]와 같이 이야기를 해 보세요.
Make dialogs like the example shows by using the information in the pictures below.

> 보기
>
> 가: 월요일에 뭐 할 거예요?
> 나: 집에서 청소할 거예요.

일	월	화	수

목	금	토	일

🎙 이야기해 보세요 Speaking Practice　　MP3 14-1

제이미	리신 씨는 한국 친구가 있어요?	Lishin, do you have Korean friends?
리 신	네, 있어요. 왜요?	Yes, I do. Why?
제이미	저도 한국 친구와 이야기하고 싶어요.	I want to talk to a Korean friend, too.
리 신	다음 주 토요일에 시간 있어요?	Are you free next Saturday?
	한국 친구와 오전에 서울숲 공원을 걸을 거예요.	I will walk in Seoul Forest Park with my Korean
	제이미 씨도 오세요.	friend in the morning. Come with us, Jamy.
제이미	네, 좋아요.	Okay, good.
리 신	그럼 다음 주 토요일에 만나요.	See you next Saturday.

 다음 질문에 답하세요.
Answer the following questions.

1) 리신 씨는 한국 친구가 있어요?

2) 두 사람은 언제 서울숲 공원에 가요?

3) 두 사람은 서울숲 공원에서 뭘 할 거예요?

🎧 들어 보세요 Listening Practice
MP3 14-2

1 **다음을 잘 듣고 질문에 답하세요.**
Listen carefully, and answer the questions.

1) 두 사람은 내일 어디에 가요?

①    ②    ③    ④

2) 맞으면 O 틀리면 X 하세요.
Mark O if the information is true, or X if it's not.

① 이번 콘서트 표는 비싸요.　　　　　　(　　)
② 두 사람은 학교 정문에서 만날 거예요.　(　　)
③ 콘서트는 내일 저녁에 해요.　　　　　(　　)

📖 읽어 보세요 Reading Practice
MP3 14-3

1 **다음을 읽고 질문에 답하세요.**
After reading the following, answer the questions.

저는 K-POP을 좋아해요. 한국 가수들은 노래도 잘하고 춤도 잘 춰요. 저는 한국 가수 중에서 레드하이를 가장 좋아해요. 다음 주에 레드하이가 콘서트를 해요. 그래서 우리 반 친구들하고 콘서트에 갈 거예요. 콘서트가 끝나고 친구들하고 저녁도 먹을 거예요. 빨리 콘서트에 가고 싶어요.

1) 맞으면 O, 틀리면 X 하세요.
Mark O if the information is true, or X if it's not.

① 이 사람은 콘서트에 자주 가요.　　　　　　(　　)
② 한국 가수는 노래도 잘하고 춤도 잘 춰요.　　(　　)
③ 이 사람은 혼자 콘서트에 갈 거예요.　　　　(　　)
④ 친구들하고 밥을 먹고 콘서트에 갈 거예요.　(　　)

콘서트 concert | **빨리** quickly

과제 Task

1 **친구와 서로의 일주일 계획을 말해 보세요.**
Talk about each other's week plans with your partner.

> 보기
>
> 가: 월요일에 뭐 할 거예요?
> 나: 청소할 거예요.

▶나

	월요일	화요일	수요일	목요일	금요일	토요일	일요일
나	보기 집 청소						
친구							

▶친구

	월요일	화요일	수요일	목요일	금요일	토요일	일요일
나							
친구	보기 집 청소						

---

* 게임 방법 How to play

① 두 명이 한 팀이 되어 위 칸에 나의 계획을 쓴다.
Team up into a groups of two, and write your plan in the table above.

② [보기]와 같이 '-(으)ㄹ 거예요'를 사용해서 질문하고 대답한 내용을 아래 칸에 쓴다.
Use '-(으)ㄹ 거예요' to ask about your friend's schedule, and write the answers in the blanks below.

③ 활동이 끝나면 서로의 활동지를 비교해 가며 똑같은 일주일 계획표가 되었는지 확인한다.
After asking all questions, compare the your answers with your partners and see if you have the same plan.

15

우리 같이 저녁 먹고 영화를 볼까요?
Shall we have dinner and watch a movie together?

- 학습목표 | 약속을 할 수 있다.
- 문 법 | N부터 N까지, V-(으)ㄹ까요?(우리)
- 어 휘 | 시간 2 Time 2

지금 몇 시예요? What time is it?

몇 시에 만날까요? What time shall we meet?

어휘 | Vocabulary

1 **시간을 이야기해 보세요.**
Let's talk about the time.

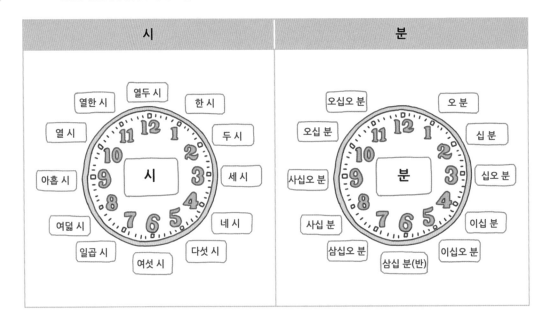

시	분

시

열두 시 · 한 시 · 두 시 · 세 시 · 네 시 · 다섯 시 · 여섯 시 · 일곱 시 · 여덟 시 · 아홉 시 · 열 시 · 열한 시

분

오 분 · 십 분 · 십오 분 · 이십 분 · 이십오 분 · 삼십 분(반) · 삼십오 분 · 사십 분 · 사십오 분 · 오십 분 · 오십오 분

2 **친구와 약속을 해 보세요.**
Let's make an appointment with a friend.

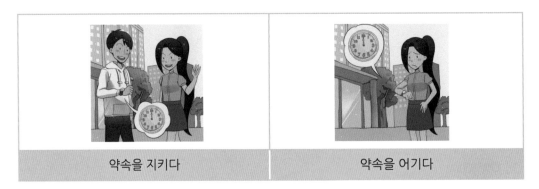

약속을 지키다	약속을 어기다

몇 시에 만날까요?

12시에 만나요.

문법1 | Grammar1

N부터 N까지

가: 언제 한국어를 공부해요?
나: 월요일부터 금요일까지 한국어를 공부해요.

어떤 동작이나 상태의 시작과 끝을 나타낸다. This means 'from~ to~', expressing the beginning and the end of some behavior or status.

1 그림을 보고 [보기]와 같이 이야기해 보세요.
Make dialogs like the example shows by using the information in the pictures below.

보기

한국어 공부
09:00~01:00

가: 몇 시까지 한국어를 공부해요?
나: 오전 9시부터 오후 1시까지요.

1)

시험
1과~18과

2)

점심시간
12:30~2:00

3)

한국어 숙제
WB p.32~36

2 [보기]와 같이 이야기해 보세요.
Create dialogs with your partner as shown in the example.

보기

가: 은행은 몇 시부터 몇 시까지 해요?
나: 오전 9시부터 오후 4시까지 해요.

[보기]	은행	오전 9시~오후 4시
1)	학생 식당	
2)	마트	
3)	커피숍	

몇 시 what time

문법2 | Grammar2

V-(으)ㄹ까요?(우리)

가: 우리 커피를 마실까요?
나: 좋아요, 같이 마셔요.

말하는 사람이 상대방에게 어떠한 행동을 같이 할 것을 제안할 때 사용한다.
This is used together with a noun to request doing something together.

받침(O)	-을까요?
받침(X)	-ㄹ까요?

1 그림을 보고 [보기]와 같이 이야기해 보세요.
Make dialogs like the example shows by using the information in the pictures below.

> 보기
>
>
>
> 가: 우리 내일 영화 볼까요?
> 나: 좋아요, 어디에서 만날까요?
> 가: 학교 정문 앞에서 만나요.

1)   2)  3)   4)

2 [보기]와 같이 이야기해 보세요.
Make dialogs as the example shows.

> 보기
>
> 가: 어디에서 만날까요?
> 나: 학교 정문 앞에서 만나요.

[보기]	어디 / 만나다	학교 정문 / 앞 / 만나다
1)	어디 / 쇼핑하다	
2)	몇 시 / 만나다	
3)	뭐 / 먹다	
4)	무슨 과일 / 사다	

🎤 이야기해 보세요 Speaking Practice MP3 15-1

왕 링	상우 씨, 오늘 시간이 있어요?
상 우	네, 있어요. 왜요?
왕 링	제가 영화표가 있어요. 우리 같이 저녁 먹고 영화를 볼까요?
상 우	좋아요. 영화가 몇 시에 시작해요?
왕 링	저녁 7시 50분에 시작해요. 7시 50분부터 9시 50분까지예요.
상 우	그래요. 같이 영화 봐요.

Sangwoo, do you have time today?

Yes, I do. Why?

I have movie tickets. Shall we have dinner and watch a movie together?

Okay. What time does the movie start?

It starts at 7:50 p.m.

It's from 7:50 p.m to 9:50 p.m.

Sure. Let's watch a movie together.

1 다음 질문에 답하세요.
Answer the following questions.

1) 상우 씨는 오늘 시간이 있어요?

2) 두 사람은 무엇을 하고 영화를 볼 거예요?

3) 영화는 몇 시에 시작해요?

 새 단어 New Vocabulary

시작하다 start

들어 보세요 Listening Practice MP3 15-2

1 **다음을 잘 듣고 질문에 답하세요.**
Listen carefully, and answer the questions.

1) 상우 씨는 몇 시에 수업이 끝나요?

_____.

2) 맞는 것을 고르세요.
Which of the following is correct.

① 여자는 오늘 약속이 있어요.　　② 남자는 고향 음식을 만들 거예요.
③ 남자는 오늘 점심에 시간이 있어요.　　④ 두 사람은 내일 같이 밥을 먹을 거예요.

 읽어 보세요 Reading Practice MP3 15-3

1 **다음을 읽고 질문에 답하세요.**
After reading the following, answer the questions.

> 지난주 토요일에 제이미 씨와 같이 미술관에 갔어요. 우리는 2시에 약속을 했어요. 제이미 씨는 2시 30분에 약속 장소에 왔어요. 정말 화가 났어요. 제이미 씨는 약속을 지키지 않았어요. 저는 내일 제이미 씨와 서울숲 공원에 갈 거예요. 내일은 약속 시간에 제이미 씨를 만나고 싶어요.

1) 내일 어디에 가요?

① 　② 　③ 　④

2) 맞으면 O, 틀리면 X 하세요.
Mark O if the information is true, or X if it's not.

① 내일 약속 시간은 2시 30분이에요.　　(　　　)
② 저는 내일 제이미 씨를 만날 거예요.　　(　　　)
③ 지난주 토요일 2시에 제이미 씨를 만났어요.　　(　　　)
④ 지난주 토요일에 서울숲 공원에 갔어요.　　(　　　)

새 단어
New Vocabulary

그런데 by the way | **만들다** make | **미술관** art museum | **약속을 하다** promise | **화가 나다** be upset

과제 Task

1 〈표〉를 보고 친구와 함께 여행 계획을 세워 보세요.
Look at the pictures and make travel plans with your friends.

장소				
음식				
활동				

2 어디에서 뭘 하고 싶어요? 이야기해 보세요.
Where do you want to go, and what do you want to do? Talk to your partner.

가고 싶은 곳	먹고 싶은 음식	하고 싶은 것

가: 우리 어디에 갈까요?

나: _____ 에 가요.

가: _____ 에서 뭘 먹을까요?

나: _____ 을/를 먹어요.

가: _____ 에서 뭘 할까요?

나: _____ 을/를 하고 싶어요.

서울의 명소

<　뚝섬·용답 | ❷ 성수 | 건대입구　>

성수동은 구두 공장, 자동차 공장, 인쇄 공장 등 공장이 많은 지역으로 유명했다. 지금은 많은 곳이 카페와 문화공간으로 변신을 하여 젊은이들이 많이 찾는 곳이 되었다.

Seongsu-dong was famous for its many factories such as shoe, automobile and printing factories. Now, many of those places have transformed into cafes and cultural spaces, making it a popular place for young people.

<　한성대입구 | ❹ 혜화 | 동대문　>

혜화역에서 내리면 연극부터 콘서트까지 다양한 공연을 감상할 수 있다. 대학로에는 소극장이 많아서 남녀노소 누구나 좋아하는 공연을 골라 볼 수 있는 장소로 인기가 많다.

When you get off at Hyehwa Station, you can enjoy a variety of performances from plays to concerts. There are many small theaters in Daehak-ro, so it is popular as a place where everyone can choose their favorite performances.

<　경복궁 | ❸ 안국 | 종로3가　>

안국역은 전시를 볼 수 있는 국립현대미술관과 전통한옥 골목을 걸을 수 있는 북촌 한옥마을, 한국의 전통공예품을 구경할 수 있는 인사동에서 가깝다.

Anguk Station is close to the National Museum of Modern and Contemporary Art where you can see exhibitions. It is near the Bukchon Hanok Village where you can walk along the alley of traditional hanok. And it is also close to Insadong, where you can see traditional Korean crafts.

<　동묘앞 | ❶ 동대문 | 종로5가　>

동대문은 한국의 쇼핑 중심지다. 옷부터 액세서리까지 다양한 물건을 저렴하게 구입할 수 있고 한 곳에서 구경할 수 있어 한국인뿐만 아니라 외국인들에게도 인기 있는 쇼핑 명소다.

Dongdaemun is the shopping center of Korea. It is a popular shopping attraction not only for Koreans but also for foreigners because you can purchase a variety of items from clothes to accessories at low prices and see them in one place.

16

요즘 수영을 배우고 있어요
I'm learning how to swim these days

- **학습목표** | 날씨에 대해서 이야기할 수 있다.
- **문 법** | V-고 있다, A/V-아/어서
- **어 휘** | 날씨 Weather

지금 날씨가 어때요? How is the weather?

날씨가 좋으면 무엇을 해요?
When the weather is fine, what do you do?

어휘 | Vocabulary

1 **날씨를 이야기해 보세요.**
Talk about the weather.

| 따뜻하다 | 덥다 | 시원하다 | 춥다 |

| 비가 오다 | 눈이 오다 | 맑다 | 흐리다 |

| 천둥번개가 치다 | 바람이 불다 |

날씨가 어때요?

따뜻해요.

문법1 | Grammar1

V-고 있다

가: 날씨가 어때요?

나: 비가 오고 있어요.

어떤 동작이 진행되고 있음을
나타낸다.
This expresses some action in
progress.

1 그림을 보고 [보기]와 같이 이야기해 보세요.
Make dialogs like the example shows by using the information in the pictures below.

> 보기
>
> 가: 지금 왕링 씨는 뭐 하고 있어요?
> 나: 자고 있어요.

A/V-아/어서

가: 왜 등산을 안 갔어요?
나: 바람이 많이 불어서 못 갔어요.

이유를 설명할 때 사용한다.
This is used to explain the reason for something.

	ㅏ, ㅗ (O)	-아서
A/V	ㅏ, ㅗ (X)	-어서
	하다	해서
N	받침 (O)	이라서
	받침 (X)	라서

1 맞는 것과 연결하고 [보기]와 같이 문장을 만들어 보세요.
Connect the correct pairs, and make a sentence like the example below.

> 보기   숙제가 많아서 영화를 못 봐요.

[보기] 숙제가 많다 •————————————• 영화를 못 보다

1) 어제 많이 걷다 •   • 방이 깨끗하다

2) 수업에 늦다 •   • 죄송하다

3) 청소를 하다 •   • 피곤하다

2 [보기]와 같이 질문에 대답해 보세요.
Answer the questions as the example shows.

> 보기   가: 왜 밥을 안 먹었어요?
> 나: 배가 아파서 안 먹었어요.

[보기]	질문	대답
1)	오늘 왜 학교에 안 가요?	
2)	왜 그 가수를 좋아해요?	
3)	왜 명동에서 쇼핑해요?	
4)		

🎤 이야기해 보세요 Speaking Practice

요 코 오늘 날씨가 너무 더워요.	The weather is so hot today.
꾸 엔 맞아요. 그래서 일도 공부도 안 하고 싶어요.	That's right. So I don't want to work or study.
요 코 저도 그래요. 우리 수영장에 갈까요?	Me too. Shall we go to the swimming pool?
꾸 엔 미안해요. 오늘은 약속이 있어서 못 가요. 내일은 어때요?	I'm sorry. I can't go today because I have an appointment. How about tomorrow?
요 코 좋아요. 그런데 꾸엔 씨는 수영을 잘해요?	Good. By the way, is Kuen good at swimming?
꾸 엔 아니요, 잘 못해요. 그래서 요즘 수영을 배우고 있어요.	No, I'm not good at it. So I'm learning how to swim these days.

1 다음 질문에 답하세요.

Answer the following questions.

1) 오늘 날씨가 어때요?

2) 꾸엔 씨는 오늘 왜 수영장에 못 가요?

3) 꾸엔 씨는 요즘 뭘 배우고 있어요?

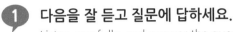

들어 보세요 Listening Practice　　　　MP3 16-2

1 **다음을 잘 듣고 질문에 답하세요.**
Listen carefully, and answer the questions.

1) 두 사람은 한강에서 뭐 할 거예요?

　_____.

2) 맞는 것을 모두 고르세요.
Choose all the right ones.

① 오늘은 날씨가 시원해요.
② 라면을 먹고 자전거를 탈 거예요.
③ 두 사람은 자전거를 탈 수 있어요.
④ 오늘 수업이 끝나고 한강에 갈 거예요.

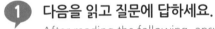

읽어 보세요 Reading Practice　　　　MP3 16-3

1 **다음을 읽고 질문에 답하세요.**
After reading the following, answer the questions.

> 우리나라는 항상 더워서 눈이 오지 않습니다. 그래서 저는 한국에 와서 눈이 오는 것을 처음 봤습니다. 그날 저는 친구들과 함께 눈싸움도 하고 눈사람도 만들어 봤습니다. 그리고 사진도 많이 찍었습니다. 눈이 와서 날씨는 좀 추웠지만 정말 재미있었습니다. 다음에는 부모님과 함께 눈을 구경하고 싶습니다.

1) 맞는 것을 모두 고르세요.
Choose all the right ones.

① 이 사람은 부모님과 함께 있습니다.
② 이 사람은 눈사람을 만들어 봤습니다.
③ 이 사람의 고향에는 눈이 자주 옵니다.
④ 이 사람은 한국에서 눈 구경을 처음 했습니다.

2) 이 사람은 왜 눈이 오는 것을 처음 봤어요?

　_____.

새 단어
New
Vocabulary

소풍 picnic | **한강** Hangang River | **생각** idea | **항상** always | **눈싸움** snowballing |
눈사람을 만들다 make a snowman

과제 Task

1 그림을 보고 [보기]와 같이 이야기해 보세요.

Make dialogs like the example shows by using the information in the pictures below.

> 보기
>
> 가: 어제 등산을 갔어요? 가: 어제 뭐 했어요?
> 나: 아니요, 눈이 와서 못 갔어요. 나: 날씨가 좋아서 등산을 갔어요.

A

B

친구들과 같이 꽃구경을 하러 가요
Let's go see flowers with our friends

- 학습목표 | 계절 활동을 이야기할 수 있다.
- 문 법 | N보다, V-(으)러 가다(오다)
- 어 휘 | 계절 Seasons

무슨 계절을 좋아해요? What is your favourite season?
좋아하는 계절에 무엇을 해요?
What do you do in your favourite season?

어휘 | **Vocabulary**

1 무슨 계절이에요?
What season is it?

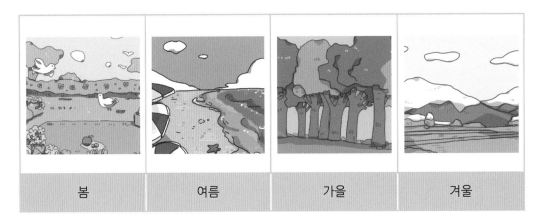

| 봄 | 여름 | 가을 | 겨울 |

| 꽃구경을 하다 | 물놀이를 하다 | 단풍 구경을 하다 | 눈사람을 만들다 |

봄에 뭐 해요?

꽃구경을 해요.

문법1 | Grammar1

N보다

가: 한국어를 잘해요? 영어를 잘해요?

나: 한국어보다 영어를 잘해요.

앞말이 비교의 기준이 되는 대상임을 나타낸다.
This expresses that the foreground word is the used to compare the following word.

1 그림을 보고 [보기]와 같이 이야기해 보세요.
Make dialogs like the example shows by using the information in the pictures below.

보기 사자 새

작다

가: 사자가 작아요? 새가 작아요?

나: 사자보다 새가 작아요.

1)

가방(50,000 원)   신발(26,000 원)

비싸다

2)

한라산(1,947m)   백두산(2,750m)

높다

3)

사과   딸기

맛있다

4)

바다   산

좋아하다

새 단어
New Vocabulary

사자 lion | **새** bird | **작다** small | **한라산** Hallasan Mountain | **백두산** Baekdusan Mountain

문법2 | Grammar2

V-(으)러 가다/오다

가: 어디에 가요?

나: 수영하러 가요.

이동하는 동작 앞에 쓰여 이동의 목적을 나타낸다.
Used before a verb indicating movement, this expresses the reason for that movement.

받침(O)	-으러 가다/오다
받침(X)	-러 가다/오다

1 그림을 보고 [보기]와 같이 이야기해 보세요.
Make dialogs like the example shows by using the information in the pictures below.

보기

백화점 / 원피스를 사다

가: 어디에 가요?
나: 백화점에 가요.
가: 백화점에 왜 가요?
나: 원피스를 사러 가요.

1)

헬스장 / 운동을 하다

2)

우체국 / 편지를 보내다

3)

식당 / 밥을 먹다

4)

도서관 / 책을 빌리다

새 단어
New
Vocabulary

원피스 one piece dress | **헬스장** gym | **우체국** post office | **편지를 보내다** send a letter

🎤 이야기해 보세요 Speaking Practice

누르잔	가연 씨는 무슨 계절을 좋아해요?
가 연	겨울에 눈이 많이 와서 겨울을 좋아해요.
	누르잔 씨도 겨울을 좋아해요?
누르잔	저는 봄에 꽃이 많이 펴서 봄을 좋아해요.
	한국은 언제 꽃이 펴요?
가 연	3월부터 4월까지 꽃이 많이 펴요.
	봄에 꽃구경하러 갈까요?
누르잔	좋아요. 친구들과 같이 꽃구경을 하러 가요.

What season do you like, Gayeon?

I like winter because it snows a lot in winter.

Do you like winter too Nurjan?

I like spring because many flowers bloom in

spring. When do flowers bloom in Korea?

It blooms a lot from March to April.

Shall we go see flowers in spring?

Okay. Let's go see flowers with our friends.

1 다음 질문에 답하세요.
Answer the following questions.

1) 가연 씨는 무슨 계절을 좋아해요?

2) 누르잔 씨는 왜 봄을 좋아해요?

3) 두 사람은 봄에 무엇을 할 거예요?

🎧 들어 보세요 Listening Practice   MP3 17-2

1 **다음을 잘 듣고 질문에 답하세요.**
Listen carefully, and answer the questions.

1) 오늘 날씨는 어때요?

① 　② 　③ 　④

2) 맞는 것을 고르세요.
Which of the following is correct.

① 여자는 약속이 있어요.　　　② 내일은 날씨가 좋을 거예요.

③ 남자는 오늘 농구를 했어요.　　④ 오늘은 아침부터 비가 올 거예요.

📖 읽어 보세요 Reading Practice   MP3 17-3

1 **다음을 읽고 질문에 답하세요.**
After reading the following, answer the questions.

저는 겨울을 좋아해요. 한국은 12월부터 2월까지 겨울이에요. 저는 겨울이 춥지만 눈이 와서 좋아요. 그런데 제 고향 제주도는 따뜻해서 겨울에 눈이 많이 오지 않아요. 그래서 작년 겨울에는 친구들과 함께 강원도에 갔어요. 강원도는 제주도보다 추워서 겨울에 눈이 많이 와요. 저는 강원도에서 친구들하고 스키를 탔어요. 이번 겨울에도 강원도에 가서 눈 구경을 하고 스키를 타고 싶어요.

1) 맞으면 O, 틀리면 X 하세요.
Mark O if the information is true, or X if it's not.

① 이 사람은 겨울을 좋아해요. 　　　　　　　　　(　　)
② 제주도는 눈이 안 와요. 　　　　　　　　　　　(　　)
③ 이 사람은 작년에 강원도에서 스키를 탔어요. 　(　　)
④ 제주도는 강원도보다 겨울에 눈이 자주 와요. 　(　　)

2) 이 사람은 어떤 계절을 좋아해요? 왜 그 계절을 좋아해요?

_____.

일기예보 weather forecast | **작년** last year | **강원도** Gangwon-do

과제 Task

1 **[보기]와 같이 한국과 고향을 비교하여 이야기해 보세요.**
Compare Korea to your hometown.

> | 보기 | 가: 겨울에 한국이 추워요? 고향이 추워요? |
> | --- | --- |
> | | 나: 한국이 고향보다 추워요. |

[보기]	날씨	춥다 / 덥다	한국 〉고향
1)	사람	많다 / 적다	
2)	교통	편하다 / 불편하다	
3)	물건 값	싸다 / 비싸다	
4)	음식	맛있다 / 맛없다	
5)			

2 **여러분이 좋아하는 계절에 대해 이야기해 보세요.**
Talk about your favorite seasons.

1) 어떤 계절을 좋아해요?	
2) 왜 그 계절을 좋아해요?	
3) 그 계절에 뭘 해요?	

18 서울에서 부산까지 버스로 갈 거예요?

Are you going to go from Seoul to Busan by bus?

- 학습목표 | 교통수단 이용에 대해서 이야기할 수 있다.
- 문　　법 | N에서 N까지, N(으)로
- 어　　휘 | 교통수단 Transportation

한국에서 어디에 가 봤어요? Where have you been in Korea?
거기에 어떻게 갔어요? How did you go there?

1 뭘 타 봤어요? 이야기해 보세요.
What public transportation have you used? Talk to your partner.

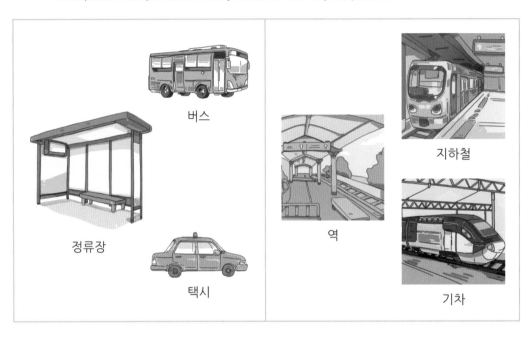

버스

정류장

택시

지하철

역

기차

자전거

오토바이

걸어(서) 가다/오다

공항

비행기

학교까지 어떻게 가요?

버스로 가요.

문법1 | Grammar1

N에서 N까지

가: 한국에서 고향까지 어떻게 가요?
나: 비행기를 타고 가요.

출발 장소와 도착 장소를 나타낼 때 사용한다. '에서'는 출발 장소를 '까지'는 도착 장소를 나타낸다.
This pair is used to express the places of departure and arrival '에서' and '까지' mean 'form~' and 'to~' respectively.

1 그림을 보고 [보기]와 같이 이야기해 보세요.
Make dialogs like the example shows by using the information in the pictures below.

보기

집   학교 / 버스 / 10분

가: 요코 씨, 집에서 학교까지 어떻게 가요?
나: 버스를 타고 가요.
가: 시간이 얼마나 걸려요?
나: 10분쯤 걸려요.

1)

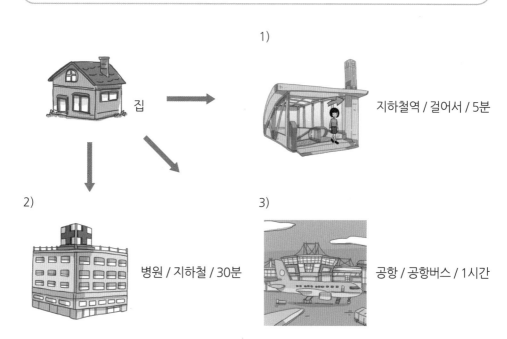

집

지하철역 / 걸어서 / 5분

2)

병원 / 지하철 / 30분

3)

공항 / 공항버스 / 1시간

새 단어
New Vocabulary

어떻게 how | **타다** get on | **얼마나** how long | **(시간이) 걸리다** take time | **쯤** about | **공항버스** airport bus

문법2 | Grammar2

N(으)로

가: 요코 씨, 집에 어떻게 가요?
나: 버스로 가요.

이동의 수단, 방법을 나타낸다.
This expresses the way or
method of movement.

1 맞는 것과 연결하고 [보기]와 같이 이야기해 보세요.
Connect the correct pairs, and make a sentence like the example below.

> 보기
>
> 가: 압둘라 씨, 학교에 어떻게 가요?
> 나: 지하철로 가요.

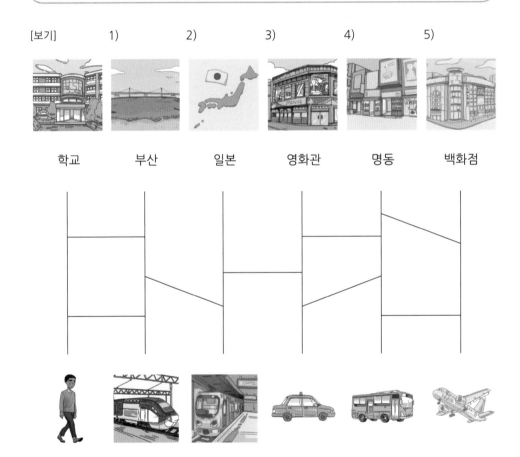

[보기]   1)   2)   3)   4)   5)

학교   부산   일본   영화관   명동   백화점

🎙 이야기해 보세요 Speaking Practice

이번 주말, 뭐?

로 빈	요코 씨, 주말에 뭐 할 거예요?	Yoko, what are you going to do this weekend?
요 코	부산에 갈 거예요.	I'm going to Busan.
로 빈	그래요? 부산에 왜 가요?	Really? Why are you going to Busan?
요 코	친구가 부산에 살아요. 친구를 만나러 가요.	My friend lives in Busan. I'm going to see a friend.
로 빈	서울에서 부산까지 버스로 갈 거예요?	Are you going to go from Seoul to Busan by bus?
요 코	아니요, 버스는 시간이 많이 걸려요. 그래서 KTX로 갈 거예요. 로빈 씨는 주말에 뭐 할 거예요?	No, the bus takes a lot of time. So I'm going to go by KTX. Robin, what are you going to do this weekend?
로 빈	친구하고 인사동에 구경하러 갈 거예요.	I'm going to visit Insa-dong with my friend.
요 코	그래요? 다음에는 저도 같이 가요.	Really? Let's go together next time.

1 다음 질문에 답하세요.

Answer the following questions.

1) 요코 씨는 주말에 뭐 해요?

2) 요코 씨는 부산에 어떻게 가요?

3) 로빈 씨는 주말에 뭐 해요?

🎧 들어 보세요 Listening Practice　　　　　MP3 18-2

1 **다음을 잘 듣고 질문에 답하세요.**
Listen carefully, and answer the questions.

1) 맞으면 O, 틀리면 X 하세요.
Mark O if the information is true, or X if it's not.

① 여자의 지금 집은 안 좋아요.　　　　　　　(　　)
② 여자의 새집은 학교에서 가까워요.　　　　(　　)
③ 남자는 여자를 도와줄 거예요.　　　　　　(　　)
④ 두 사람은 내일 같이 저녁을 먹을 거예요.　(　　)

2) 여자는 왜 이사를 해요?

_____.

📖 읽어 보세요 Reading Practice　　　　　MP3 18-3

1 **다음을 읽고 질문에 답하세요.**
After reading the following, answer the questions.

> 제이미 씨에게
> 안녕하세요? 저 리신이에요. 이번 주말에 시간 있어요?
> 이번 주 토요일에 로빈 씨하고 한강에 갈 거예요.
> 한강에서 배도 타고 자전거도 탈 수 있어요. 재미있을 거예요.
> 제이미 씨도 같이 가요.
> 학교에서 한강까지 지하철로 1시간쯤 걸려요.
> 토요일 11시에 학교 앞에서 로빈 씨를 만날 거예요.
> 그럼 연락 주세요.
>
> 　　　　　　　　　　　　　　　　　9월 21일 리신

1) 맞는 것을 고르세요.
Which of the following is correct.

① 한강에 배로 갈 수 있어요.
② 리신 씨는 지금 한강에 있어요.
③ 세 사람은 한강에서 만날 거예요.
④ 리신 씨가 제이미 씨에게 편지를 썼어요.

새 단어
New
Vocabulary

이사(를) 하다 move to | **괜찮다** be ok | **멀다** far | **불편하다** inconvenient | **새집** new house | **가깝다** nearby |
도와주다 help | **연락** contact

과제 Task

1 어디에 가요? 표의 내용을 채운 후 친구와 이야기해 보세요.
Where are you going? Fill in the ticket and talk to your friend.

보기	가: 어디에 가요? 나: 제주도에 가요. 가: 서울에서 제주도까지 어떻게 가요? 나: 비행기로 가요. 가: 비행기로 얼마나 걸려요? 나: 1시간쯤 걸려요.

보기

서울 ➡ 제주도

10:00　11:00

1)

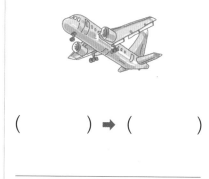

(　　　) ➡ (　　　)

_____

2)

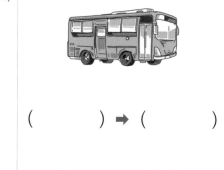

(　　　) ➡ (　　　)

_____

3)

(　　　) ➡ (　　　)

_____

서울 성곽길

한국의 전국 곳곳에는 걷기 좋은 길이 많다. 대표적으로 제주도 올레길, 지리산 둘레길 등이 있으며 많은 사람들이 그곳을 걸으면서 경치를 감상하고 많은 추억을 만든다. 서울에도 그와 같은 유명한 걷기 좋은 길이 있는데 바로 서울 성곽길이다. 성곽이란 외적의 침입이나 자연 재해로부터 인명과 재산을 보호하기 위해 만들어진 것으로 서울의 외곽에 있던 성곽을 따라 걷는 길이 바로 서울 성곽길이다. 서울 성곽길은 모두 6개의 코스로 각 코스는 약 4~6km정도이며 2~3시간 정도가 걸린다. 서울 시내 중심을 지나는 코스이기 때문에 서울의 다양한 모습을 볼 수 있어 걸어 볼 만하다.

서울 성곽의 모습

서울 성곽길 지도

There are many good courses or paths to walk around in Korea. For example, some representatives of walking courses are Jeju Island's Olle-gil and Jiri Mountain's Dulle-gil, and many people walk there to enjoy the scenery and make many memories.

There is such a famous walking path in Seoul, which is called the Seoul Fortress Trail. A fortress was built to protect people and property from foreign invasions or natural disasters. The path along the fortress circles the outskirts of Seoul, making the famous Seoul Fortress Trail. There are six courses on the Seoul Fortress Trail, and each course takes about two to three hours, and is about four to six kilometers long. Since it is a course that passes through the center of downtown Seoul, it is worth walking around because you can see various parts of Seoul.

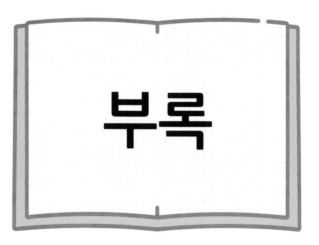

부록

듣기 지문

1과

1)

여자 마이클 씨는 영국 사람이에요?
남자 아니요, 저는 영국 사람이 아니에요.
　　　미국 사람이에요. 저는 가수예요.

2)

여자 유토 씨는 일본 사람이에요?
남자 네, 일본 사람이에요.
여자 유토 씨는 선생님이에요?
남자 아니요, 회사원이에요.

3)

여자 이름이 뭐예요?
남자 제 이름은 프엉이에요.
여자 어느 나라 사람이에요?
남자 베트남 사람이에요.
여자 직업이 뭐예요?
남자 요리사예요.

2과

남자 흐엉 씨, 가족이 몇 명이에요?
여자 아버지, 어머니, 오빠, 여동생 그리고
　　　저 모두 다섯 명이에요.
　　　스티븐 씨는 가족이 몇 명이에요?
남자 우리 가족은 모두 네 명이에요.
　　　저도 여동생이 있어요.
　　　제 여동생은 학생이에요.
　　　흐엉 씨 여동생도 학생이에요?
여자 네, 학생이에요.

3과

여자 저는 세종대학교 학생이에요.
　　　우리 학교 안에 은행, 서점, 도서관이
　　　있어요. 편의점도 있어요.
　　　학교 정문 옆에 학생 회관이 있어요.
　　　학생 회관 안에 식당이 있어요.
　　　우리 학교에 영화관은 없어요.

4과

남자 어서 오세요.
여자 한국어 책이 있어요?
남자 네, 이쪽에 있어요.
여자 음, 무슨 책이 좋아요?
남자 이 책이 좋아요. 그림이 많아요.
　　　정말 재미있어요.
여자 비싸요?
남자 안 비싸요.

5과

(전화벨 소리)
여자 여보세요?
　　　리신 씨, 지금 기숙사에 있어요?
남자 아니요, 도서관에 있어요.
여자 숙제를 해요?
남자 아니요, 숙제를 하지 않아요.
　　　책을 읽어요.
　　　꾸엔 씨는 뭐 해요?
여자 저는 기숙사에 있어요. 공부를 해요.
남자 오늘 시간이 있어요?
여자 아니요, 약속이 있어요.

6과

여자1 꾸엔 씨, 어디에 가요?

여자2 연구실에 가요. 연구실에서 공부해요.
왕링 씨는 연습실에 가요?

여자1 아니요, 연습실에 안 가요.
기숙사에 가요.

여자2 기숙사에서 뭐 해요?

여자1 기숙사에서 부모님께 편지를 써요.
꾸엔 씨, 내일 수업 끝나고 뭐 해요?

여자2 학생 식당에 가요.

여자1 그래요? 그럼 저하고 같이 식당에서
밥을 먹어요. 수업 끝나고 교실 앞에서
만나요.

7과

남자 지난 주 토요일에 어디에 갔어요?

여자 상우 씨하고 인사동에 갔어요.

남자 인사동에서 뭐 했어요?

여자 전통 물건을 구경하고 비빔밥도
먹었어요.

남자 인사동에 전통 물건이 많아요?

여자 네, 많아요.

남자 전통 물건이 비싸요?

여자 아니요, 싸요.

8과

여자 로빈 씨, 주말에 뭐 해요?

남자 운동을 해요.

여자 무슨 운동을 해요?

남자 테니스를 쳐요.

여자 테니스를 자주 쳐요?

남자 요즘 바빠요. 그래서 가끔 쳐요.
제이미 씨도 테니스를 칠 수 있어요?

여자 아니요, 못 쳐요.
저는 수영하는 걸 좋아해요.

9과

남자 제 취미는 운동입니다.
저는 축구, 농구, 수영 모두 좋아합니다.
그중에서 수영을 가장 좋아합니다.
제 고향에는 바다가 있습니다. 바다에서
자주 수영을 했습니다. 수영을
좋아합니까? 그럼 우리 고향에 오세요.

10과

1)

남자 바나나 있어요?

여자 네, 있어요.

남자 한 송이 주세요. 포도도 있어요?

여자 아니요, 포도는 없어요.

2)

남자 안녕하세요?

여자 커피 한 잔 주세요.
사과 주스도 한 잔 주세요.

남자 지금 사과 주스가 없어요.

여자 그럼 커피 두 잔 주세요.

남자 네, 알겠습니다.

11과

1)

남자 콜라 한 병에 얼마예요?

여자 천 구백 원이에요.

2)

여자 저 가방은 얼마예요?

남자 삼만 팔천 원이에요.

3)

여자 이 한국어 책은 한 권에 얼마예요?

남자 만 오천 원이에요.

4)

여자 사과 두 개에 얼마예요?

남자 이천 원이에요.

12과

남자 어서 오세요.
여자 안녕하세요? 여기 무슨 피자가 맛있어요?
남자 불고기 피자가 맛있어요.
여자 안 매워요?
남자 네, 안 매워요. 외국 사람들도 잘 먹어요.
여자 그럼 불고기 피자하고 콜라 한 병 주세요.
남자 네, 알겠습니다. 잠깐만 기다리세요.

13과

남자 요코 씨, 내일 시험이 끝나고 같이
밥 먹어요.
여자 네, 좋아요.
남자 무슨 음식이 먹고 싶어요?
여자 저는 한국 음식이 먹고 싶어요.
남자 갈비를 좋아해요?
여자 그럼요. 내일 갈비를 먹어요.
남자 그래요. 학교 근처 세종 식당에 가
봤어요? 그 식당 갈비가 맛있어요.
여자 그 식당에 가 봤지만 갈비는 안 먹어
봤어요.
남자 그럼 내일 시험이 끝나고 세종 식당에
갈비를 먹으러 가요.
여자 네, 좋아요.

14과

여자 내일 저녁에 뭐 해요?
남자 왜요? 무슨 일 있어요?
여자 레드하이 콘서트가 있어요.
남자 어, 콘서트요? 저도 콘서트에 가고 싶어요.
콘서트 표가 비싸요?
여자 비싸지 않아요. 같이 가요.
남자 좋아요. 어디에서 만나요?
여자 내일 수업이 끝나고 학교 정문에서
만나요.
남자 네, 좋아요.

15과

여자 상우 씨, 오늘 점심에 시간이 있어요?
남자 아니요, 점심에 약속이 있어요. 친구하고
같이 밥을 먹을 거예요. 그런데 왜요?
여자 제가 고향 음식을 만들 거예요. 상우 씨
하고 같이 먹고 싶어요.
남자 그래요? 그럼 내일은 어때요?
여자 좋아요. 내일 몇 시에 수업이 있어요?
남자 9시부터 12시 50분까지 수업이 있어요.
여자 그럼 수업이 끝나고 우리 집에 오세요.

16과

남자 요코 씨, 오늘 날씨가 정말 맑아요.
우리 소풍 갈까요?
여자 좋아요. 저도 소풍 가고 싶어요.
남자 그럼 우리 오늘 수업 끝나고 한강에
갈까요?
여자 그래요. 한강에서 자전거를 타요.
그럼 정말 시원할 거예요.
자전거 탈 수 있어요?
남자 네, 저는 자전거 타는 걸 좋아해요.
여자 우리 한강에서 자전거를 타고 라면을
먹어요.
남자 그거 좋은 생각이에요.

17과

남자 오늘 날씨가 흐리고 바람도 많이 불어요.
여자 리신 씨, 오늘 일기예보를 안 봤어요?
오후부터 비가 올 거예요.
남자 그래요? 오후에 약속이 있어요.
압둘라 씨하고 농구를 할 거예요.
여자 내일 압둘라 씨하고 농구를 하세요.
내일은 맑을 거예요.
남자 네, 고마워요.

18과

남자 요코 씨, 다음 주 토요일에 시간 있어요?
      같이 영화 보러 갈까요?

여자 미안해요. 다음 주 토요일에 이사를
      해요.

남자 어, 요코 씨 이사해요? 왜요?
      지금 집이 안 좋아요?

여자 아니요, 집은 괜찮아요. 그런데 집에서
      학교까지 멀어서 불편해요.

남자 새집은 어때요?

여자 좋아요. 학교에서 집까지 지하철로
      10분 걸려요.

남자 그럼 제가 이사 좀 도와줄까요?

여자 정말요? 고마워요.
      그날 압둘라 씨도 올 거예요.
      이사 끝나고 같이 저녁 먹어요.

남자 좋아요. 다음 주 토요일에 만나요.

모범 답안

1과

들어 보세요

1

1) 마이클 • — • ① 미국 • ⟍ • ㉠
2) 유토 • ⟍ • ② 베트남 • • ㉡
3) 프엉 • ⟋ • ③ 일본 • — • ㉢

읽어 보세요

1 1) 왕링이에요. / 압둘라예요.
2) 중국 사람이에요. / 요르단 사람이에요.
3) 학생이에요. / 학생이에요.

2과

들어 보세요

1 1) O   2) X   3) O   4) O

읽어 보세요

1 1) 5명

2)

아버지	어머니	동생
회사원	주부	학생

3과

들어 보세요

1 1) ①, ③   2) ④

읽어 보세요

1 1) ②   2) ④

4과

들어 보세요

1 1) ①   2) 안 비싸요.

읽어 보세요

1 1) ① O   ② O   ③ X   ④ O

5과

들어 보세요

1 1) ③   2) ④

읽어 보세요

1 1)   요코   로빈   누르잔   꾸엔

①   ②   ③   ④

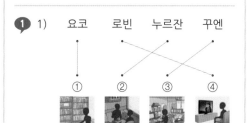

6과

들어 보세요

1) 1) ③

읽어 보세요

1) 1) ①, ②　　　　　2) ④

7과

들어 보세요

1) 1) ②　　　2) ① O　② O　③ O

읽어 보세요

1) 1) 재미있었어요
2) ① O　② X　③ O　④ O

8과

들어 보세요

1) 1) 여자 •——————• 수영
　　남자 •——————• 테니스
2) 2) ③

읽어 보세요

1) 1) ① X　② O　③ O

9과

들어 보세요

1) 1) ②　　　2) ① X　② X　③ O

읽어 보세요

1) 1) 사진 찍는 거예요　　　2) ③

10과

들어 보세요

1)

문제	어디예요?	무엇을 사요?
1)	과일 가게	바나나
2)	커피숍	커피

읽어 보세요

1) 1) 마트가 있어요
2) ① X　② O　③ O

11과

들어 보세요

1) 1)

1,900 원
(O)

2)
37,000 원
(X)

3)
15,000 원
(O)

4)
1,000 원
(X)

읽어 보세요

1) 1) ① O　② X　③ O　④ X

12과

들어 보세요

1) 1) ①, ④　　　　　2) ④

읽어 보세요

1) 1) ③　　　　　2) ③

13과

들어 보세요

1) 1) ①   2) ③

읽어 보세요

1) 1) ① O   ② X   ③ X

14과

들어 보세요

1) 1) ②   2) ① X   ② O   ③ O

읽어 보세요

1) 1) ① X   ② O   ③ X   ④ X

15과

들어 보세요

1) 1) 12시 50분   2) ④

읽어 보세요

1) 1) ③
    2) ① X   ② O   ③ X   ④ X

16과

들어 보세요

1) 1) 자전거를 탈 거예요 / 라면을 먹을 거예요
    2) ③, ④

읽어 보세요

1) 1) ②, ④
    2) 이 사람 고향은 항상 더워서 눈이
       오지 않습니다

17과

들어 보세요

1) 1) ②   2) ②

읽어 보세요

1) 1) ① O   ② X   ③ O   ④ X
    2) 겨울을 좋아해요. 춥지만 눈이 와서
       좋아해요

18과

들어 보세요

1) 1) ① X   ② O   ③ O   ④ X
    2) 집에서 학교까지 멀어서 불편해요

읽어 보세요

1) 1) ④

INDEX

벌칙 카드 A

친구들에게
한국어로
"사랑해요"라고
말하세요.

수업이
끝날 때까지
문 앞에
서 있어요.

몸으로
동물
흉내 내기

휴대폰을
친구에게 주고
수업이 끝날 때까지
보지 않아요.

고향말로
생일 축하 노래를
부르세요.

벌칙 카드 B

코끼리 코를 하고
10번
제자리에서
도세요.

옆 친구의
어깨를
마사지 하세요.

수업이
끝날 때까지
책상에 엎드려서
잠을 자요.

고향말로
친구에게
"사랑해요."라고
말하세요.

앞으로
나와서
노래를 하세요.

Memo

초판 1쇄 인쇄 | 2024년 5월 24일
초판 1쇄 발행 | 2024년 6월 15일

지은이 | 김홍상, 한인숙, 박유리, 김경현
발행인 | 김태웅
편　집 | 김현아, 최채은
마케팅 총괄 | 김철영
온라인 마케팅 | 김은진
제　작 | 현대순

발행처 | (주)동양북스
등　록 | 제 2014-000055호
주　소 | 서울시 마포구 동교로22길 14 (04030)
구입 문의 | 전화 (02)337-1737　팩스 (02)334-6624
내용 문의 | 전화 (02)337-1762　이메일 dybooks2@gmail.com

ISBN　979-11-7210-048-3　13710